Vorwort in eigener Sache:

Als ich gebeten wurde, das Buch in ein Genre einzuordnen, stellte ich fest, daß dies ein unmögliches Unterfangen ist, denn es ist weder ein Roman, noch eine Autobiografie, aber auch kein Sachbuch oder Ratgeber. Zudem ist es auch nicht klassisch in Kapitel oder Themenbereiche gegliedert, wie man es für gewöhnlich erwartet.

Was ist es dann, wenn es kein Buch im herkömmlichen Sinne ist?

Ich würde es vielleicht als eine interessante gegliederte Gedankensammlung mit autobiografischen Elementen bezeichnen. Doch am einfachsten ist es, diese Einordnung dem Leser selbst zu überlassen.

Das Allerwichtigste dabei ist nicht die Kategorisierung des Buches, sondern daß das Lesen Spaß bereitet und dem Leser neue Ideen und Konzepte nahebringt, die insgesamt bereichernd wirken.

So wünsche ich Jedem, der eine gewisse Neugier mitbringt, einige müßige und wertvolle Stunden bei der Lektüre des Buches.

Oliver Pfaff

Vorwort des Lektors:

So, jetzt wurde ich erst als Lektor eingespannt und nun wird mir auch noch das Vorwort auf's Auge gedrückt. Und warum? Weil mich Bücher faszinieren? Ja, aber nicht nur... Weil mich das Leben interessiert, weil auch ich nicht aufhöre zu suchen. Nach neuen Ideen, neuen Erfahrungen, neuen Erkenntnissen. Genau deswegen durfte ich dieses Buch lesen und lektorieren. Und es hat mir natürlich Spaß gemacht, auch wenn ich dem Metier nicht unbedingt mächtig bin.

Staunend habe ich gelesen, was unser Körper so alles kann und auch an täglichen Aufgaben absolviert; was unsere Augen sehen oder auch nicht; was wir wahrnehmen oder auch nicht. Was jeder Einzelne mit seinem Denken und Handeln verursachen kann und welche Auswirkungen wir verursachen können - im Positiven wie im Negativen. So viele Wunder, die wir gar nicht bemerken, die wir als selbstverständlich hinnehmen.

Genau hier bringen uns die „Gedankenspuren" auf neue Wege, zeigen neue Erkenntnisse, geben interessante Denkanstöße. Manche sind nicht ganz einfach, bei anderen hat man sofort das "Aha"-Erlebnis.Also vielleicht doch ein "Lebensratgeber"? - Irgendwie schon...

Petra Fischer

Herstellung und Verlag:
BoD - Books on Demand, Norderstedt
ISBN 978-3-7386-1978-2

Danksagung

Allen, die direkt oder indirekt in meinem Leben ihre Spuren hinterlassen haben, möchte ich hiermit Dank zollen. Sie alle haben dazu beigetragen, mich zu der Person zu machen, die ich jetzt bin, und waren somit auch an der Entstehung des Buches beteiligt.

Fragmente aus dem Leben eines Suchenden...

...Leben und Wirken in der Wahrheit,

Wachsen und Leben im Licht,

Wirken und Wachsen in der Liebe,

das ist meine Göttliche Pflicht...

...Vor einigen Jahren kamen mir diese Worte in den Sinn, als ich an einem ruhigen Tag nach Weihnachten über mein Leben sinnierte und mich wie jedes Jahr mit meiner persönlichen Jahresbilanz auseinandersetzte. Jedes Jahr mache ich diese Rückschau um mir vor Augen zu halten, was ich von meinen Vorsätzen und Planungen im Verlaufe des Jahres geschafft habe umzusetzen und zu verwirklichen und was auf der Strecke geblieben ist.

Genauso, wie in mir besagte Worte, die mittlerweile zu meinem täglichen Credo geworden sind, vor längerer Zeit aufstiegen, so formt sich gerade das Konzept des noch zu schreibenden Buches vor meiner inneren Wahrnehmung. Die Grundidee ist, verschiedene Fragmente aus meinem Leben so zusammenzufügen, um den Werdegang meiner Wahrheitssuche und deren Resultate lebensnah und nachvollziehbar darzustellen und mit Dir, lieber Leser, zu teilen. Was Du daraus machst sei Dir überlassen.

Sollten Dir ein paar Gedanken aus diesen Lebensfragmenten helfen, mit Deinem Verständnis der großen Lebensfragen, die sich wohl jeder im Laufe seines Lebens stellt, innerlich etwas weiterzukommen, hat sich die Mühe für mich gelohnt. Denn es ist doch recht mühevoll, seine Gedanken in Form von geordneten Buchstaben, die sich zu Worten und Sätzen zusammenreihen und einen Gedankeninhalt zu Dir transportieren, zu Papier zu bringen. Du wirst dann diese Ideen und Vorstellungen mit Deiner Denkfähigkeit analysieren und entweder annehmen oder verwerfen. Doch das ist ja im Grunde genommen egal, Hauptsache ist, Du hast viel Spaß, und wie meine Lektorin so schön sagt, viele „aha-Erlebnisse" beim Lesen.

Gedankenspuren eines Suchenden.....

Erst vor drei Tagen wurde ich nach einem mehrtägigen Klinikaufenthalt nach Hause entlassen, nach akutem, wohl von multiplen unbewußten und offensichtlich schwerwiegenden Streßelementen ausgelösten Schwindelattacken.

Nach Hause entlassen, das bedeutet für mich zurückzukehren in mein kleines idyllisch gelegenes Häuschen zwischen Kakaoplantagen mit einer mäßig befahrenen, sich ins Hinterland schlängelnden schlaglochbesetzten Landstraße vor dem Haus und einem vielgestaltigen üppigen Nutzgarten mit Bananen, Kürbissen, Limonen und vielerlei weiteren tropischen Frucht- und Gemüsesorten hinter dem Haus.

Desweiteren erwartet mich in meinem Zuhause meine Familie, meine Lebensgefährtin mit unserer gemeinsamen fast sechsjährigen Tochter und ihrem neunjährigen Sohn aus einer vorhergehenden Beziehung. Alle drei zusammen ein in jeder Hinsicht bunt gemischtes Intensivpaket zwischenmenschlicher Erfahrungen.

Zwei kleine Hunde, die noch nicht ganz stubenrein sind, sowie zwei Wellensittiche, in einer für meine Wahrnehmung etwas zu kleinen Voliere (schon länger hatte ich mir vorgenommen, ihnen bei Gelegenheit eine größere Voliere zu bauen) gehören auch dazu.

Auf dem Vorplatz steht ein schon in die Jahre gekommener Toyota Corolla und im Schatten der Veranda für Kurzstrecken (Kinder in die Schule bringen, kleine Besorgungen machen) ein Motorroller, welchem die Verkleidung abhanden gekommen war. Doch das ist ja eh nur Kosmetik. Hauptsache ist das Gestänge, der Motor und die Bremsen.

Das Haus ist mit einer großen Zisterne ausgestattet, von welcher aus das gesammelte lebenswichtige Regenwasser in einen Tank auf dem Dach gepumpt wird, um dann per Schwerkraft als fließendes Wasser die Leitungen zu füllen.

Ein Trockengenerator mit den dazugehörigen Batterien lagert im Multifunktionsschrank zum Speichern der Elektrizität, die hier üblicherweise täglich ein paar Stunden ausfällt, jedoch dringend und unbedingt für Kühlschrank, Waschmaschine, Fernseher, abendliche Beleuchtung und zum Aufladen der Handys gebraucht wird.

Gekocht wird auf einem Gasherd, dessen Gastank meist alle zwei Monate, Sonntag Mittag, bevor das Mittagessen gar ist, sein letztes Gas aushaucht. Doch Gott sei Dank ist dann zumeist der Ersatzgastank des Autos griffbereit, denn hierzulande muß mit allem gerechnet werden. Vor allem muß wirtschaftlich gerechnet werden. Aus diesem Grunde fahren die meisten Autos mit Propangas und/oder Benzin, je nach der staatlich vorgegebenen Preisentwicklung

Hier sitze ich nun nach meinem mehrtägigen Krankenhausaufenthalt auf der Veranda, umgeben von der Idylle meines Zuhauses und meiner Familie. Alles scheint so zu sein wie vor meiner akuten Einlieferung in die Klinik und doch hat sich alles, aber auch alles grundlegend geändert.

Nichts, aber auch gar nichts ist wie zuvor.

....

Im Angesicht seines eigenen möglichen Ablebens, ausgelöst durch schwerste körperliche Mißwahrnehmungen und Krankheitssymptome, scheinen Prozesse im Leben in Gang gesetzt zu werden, die sich in der Nachbetrachtung wie Quantensprünge im Erleben und Wahrnehmen ausmachen. Quantensprünge, die das Leben verändern; denn wie schon gesagt, nichts, aber auch gar nichts, war wie zuvor, als ich in mein angestammtes Zuhause zurück kam.

Was war da nur geschehen? Die Krankheit hat meine Welt, mein streßbeladenes Idyll regelrecht aus den Angeln gehoben und in anderer Weise wieder zurechtgerückt. Manchmal scheint sich das Schicksal eines solchen Kunstgriffs zu bedienen, um einen wachzurütteln oder einen neuen Lebensabschnitt einzuläuten, den man im Eifer des alltäglichen Gefechts sonst verpaßt hätte oder verpassen würde. Zumindest kam es mir so vor.

....

An einem gewöhnlichen Sonntag morgen, vor ein paar Tagen, war alles buchstäblich ins Wanken geraten. Wollte ich meinen Kopf heben um einen Schluck Wasser zu trinken, so flog ich mit dem Bett quer durch den Raum, mein Magen befand sich im Kopf oder abwechslungsweise im großen Zeh, und meine Hände krampften sich an der Matratze fest, um nicht abzustürzen und um mir selbst ein wenig Stabilität zu suggerieren.

Mir ging es an diesem besagten Sonntag Morgen urplötzlich und ohne Vorwarnung so elend, daß ich unter extremen Kopfschmerzen und Schwindelattacken sofort in die Klinik eingeliefert werden mußte.

Auf dem Weg dorthin fuhren mir alle möglichen und unmöglichen Schreckensszenarien durch den Kopf. Die Idee eines Hirnschlages ließ mich schon in Gedanken mein Hab und Gut unter Kindern und Familie aufteilen.

Es war ein fast unerträglicher Zustand. Meine Leidensfähigkeit war erschöpft und ich war in jeder Hinsicht am Ende, dabei gaben die Mediziner diesem, für mich so grausam peinigenden Zustand, den wohlklingenden französischen Namen Morbus Menière.

Für den einen ein simpler Name, bedeutete dieser für mich jedoch den Gang durch die Hölle; und nur gestützt durch ein ganzes Arsenal von Medikamenten, die via Infusionslösung über einen Tropf in meinen

Körper eingeschleust wurden, konnte ich diesen Höllenqualen schrittweise entrinnen.

Wenn ich mir so überlege, es ist schon komisch, man muß erst krank werden um wieder einmal festzustellen, daß man einen, im Normalfall wundervoll in allen seinen Einzelfunktionen, fein abgestimmten Körper, mit einer ganzen Reihe von lebenswichtigen Organen und Systemen hat. Ein Körper, der es uns ermöglicht alle Alltagsverrichtungen zu vollführen, mit welchem wir durchs Leben schreiten, den wir aber, je nach Umgebungskultur und Bewußtseinsstand, mehr recht als schlecht pflegen; und, obwohl er so wesentlich für unser Erdendasein ist, lassen wir unserem Auto oft bessere Pflege zukommen, als unserem eigenen Körper. Wir benutzen das beste Lackpflegemittel und Designeröl, sowie ein Performanceaddesign für den Motor, während wir in billigem Fett ausgebackene Hamburger essen, oder Pseudofeuchtigkeitscremes aus dem Supermarkt benutzen. Ja, ich weiß, das klingt alles etwas übertrieben, aber wenn wir einmal darüber nachdenken, so ist da schon etwas daran. Wie gesagt, immer abhängig von der jeweiligen Umgebungskultur und vom individuellen Bewußtseinszustand eines jeden Einzelnen.

Eigentlich, wenn man es so recht bedenkt, ist ein gesunder Körper ein so unfaßbares und in sich stimmiges Wunderwerk, daß man aus dem Staunen nicht mehr herauskommen dürfte. Doch scheinbar haben wir dieses Staunen verloren und verlernt, das noch manchmal in wachen Kinderaugen aufblitzt, wenn sie eine, für sie tiefschürfende, neue Entdeckung machen.

Wer oder was hat uns dieses Staunen genommen? Darauf gibt es wohl keine klare und allgemeingültige Antwort. Ist es der oberflächliche und gleichzeitig hoch komplexe Alltag mit seinen Routineabläufen, der uns so gefangennimmt, daß wir nicht einmal mehr innehalten, den Duft einer Blume oder das Abendlied der Amsel staunend wahrzunehmen? Geschweige denn die Gesundheit und das Wohlbefinden unseres eigenen Körpers?

Meine durchgemachten Höllenqualen mit dem wohlklingenden Namen haben dafür gesorgt, daß nichts, aber auch gar nichts war wie zuvor.

Sie haben mich wieder etwas das verlorengegangene Staunen gelehrt, denn es ist schon unglaublich wie losgelöste staubkornkleine Siliziumkristalle in einem millimeterkleinen, fest im Felsenbein des Schädels eingebetteten Organs, ein solch verheerendes Körperbeben auslösen können. - Obwohl, das ist es eigentlich nicht, was mich zum Staunen anregt. Was mich noch viel mehr verwundert, ja sogar mit Ehrfurcht erfüllt, ist bei weiterem Nachdenken die Tatsache, daß dieses Organ im Regelfalle unseren Körper mit einer solchen unschlagbaren Präzision in jeder Lebenslage und bei jedem auch noch so raschen Positionswechsel im Gleichgewicht zu halten vermag.

Überhaupt scheint es ja so zu sein, daß es unsere Sinnesorgane sind, die uns die Welt so vorgaukeln, wie wir glauben, daß sie tatsächlich sei.

Der Gleichgewichtssinn spielt dabei eine wesentliche Rolle, auch wenn uns dieser nur bei einer krankheitsbedingten Höllenreise, wie ich sie hinter mir habe, bewußt wird. Er sorgt nämlich dafür, daß wir nicht auf instabil schwankendem Boden kriechen, sondern aufrecht und in der Regel sicheren Schrittes durch eine stabile Welt gehen. Er festigt unsere Wahrnehmung der Umwelt und läßt uns das Haupt hoch tragen, doch mit Alkohol oder bei zu hohem Wellengang und manchmal auch in der Schwangerschaft, wird dieser Sinn in seiner gesunden Funktionsweise deutlich beeinträchtigt. Allerdings sind dies ja Ausnahmezustände.

Laß mich einmal den Gedankengang über das Gaukelspiel unserer Sinne fortsetzen, denn je mehr ich vorbehaltlos nach meiner Höllenfahrt nachdenke, umso ehrfurchtsvoller wird mein Staunen vor der Komplexität und Genialität der Schöpfung. Denn, wie schon gesagt, nichts, aber auch gar nichts war wie zuvor, obwohl sich ja faktisch nichts verändert hatte, so veränderten sich doch die Bedeutsamkeiten der alltäglichen Erfahrungen und der Dinge um mich herum, die ich nun mit anderen Augen wahrzunehmen scheine.

Nichts, aber auch gar nichts war wie zuvor, obwohl ich die Welt durch die selben Augen betrachte.

Hier sitze ich nun erneut auf der Veranda, umgeben vom Idyll meines Zuhauses und meiner Familie.

Vor mir sitzt eine hechelnde Eidechse auf den sonnenwarmen Fliesen, doch sobald Dotty und Rexa, unsere zwei äußerst anhänglichen und kuschelbedürftigen Chihuahua-Hündinnen miteinander balgend aufkreuzen, sucht diese Sicherheit im Ästegewirr eines Zierbambusstrauches. Die Ameisen, welche eine teilzerlegte Küchenschabe auf ihrer belebten Ameisenstraße in Richtung ihres Larvenlagers transportieren, lassen sich davon jedoch nicht beeindrucken. Ein leises Brummen macht mich auf den Kolibri aufmerksam, der hektisch Nektar aus den Blüten des Strauches an meiner Seite saugt.

Es scheint alles wie immer zu sein, jedoch die Bedeutsamkeit der Dinge um mich herum und die alltäglichen Erfahrungen haben eine andere Färbung bekommen.

Meine Gedanken schweifen zurück zu den traumatisierenden Erlebnissen, ausgelöst durch den akuten Ausfall meines Gleichgewichtsorganes. Was vorher für mich alles ganz selbstverständlich war, steht nun in einem ganz neuen Lichte da. Der gute alte Menière scheint mein Denken etwas geschmiert, aktiviert oder umprogrammiert zu haben.

So steigen in mir jetzt Gedanken auf, die vorher vielleicht auch aufsteigen wollten, jedoch vom rosa Rauschen des Alltags überdeckt wurden. Vorher hätte ich mich wohl kaum gedanklich darin vertieft, wie wohl das Gleichgewichtsorgan bei der Eidechse aussehen muß, die zumeist die Welt kopfüber betrachtet oder beim Kolibri, der blitzartig Flugkunststücke vollführt und mit absoluter Zielsicherheit die Blüten, die sich dazu noch in der Mittagsbrise bewegen, anvisiert. Haben die Ameisen eigentlich auch so etwas wie ein Gleichgewichtsorgan?

Ich erschrecke etwas bei dem Gedanken, daß die Welt ja nur für mich so ist wie ich sie wahrnehme, und daß alle anderen Lebewesen aufgrund ihrer grundverschiedenen Sinneswahrnehmungen ein ganz anderes Weltbild haben müssen. Wie sieht die Welt denn dann wirklich aus? Teilen wir durch unterschiedliche Sinneswahrnehmungen Parallelwelten mit den anderen Lebewesen unseres Planeten? Auch jeder einzelne Mensch nimmt ja seine Welt ganz individuell wahr, aufgrund von Vorerlebnissen, Prägungen, Erfahrungen und deren Interpretationen, aufgrund seines kulturellen Hintergrundes, der Erziehung und vielen weiteren Faktoren. Jetzt wird es mir auch klar, warum es so viele Mißverständnisse und Unstimmigkeiten im zwischenmenschlichen Miteinander gibt. Jeder scheint in seiner ureigenen Welt zu leben.

Hier sitze ich umgeben vom Idyll meines Zuhauses und folge einem äußerst anregenden Gedankenstrom. Ja, die Welt um uns herum scheint uns von den Sinnen vorgegaukelt zu werden, sie ist ein Trugbild unserer Sinneswahrnehmungen. Haben das nicht schon die alten Inder gewußt und mit dem Begriff „Maya" belegt, was soviel wie Illusion bedeutet?

Mein Kaffee wird langsam kalt; endlich bin ich froh, etwas objektives gefunden zu haben. Alles, was man wiegen und messen kann, scheint objektiv zu sein. Oder doch nicht? Mein 40°C lauwarmer Kaffee hat objektiv 40°C, aber ein Goldfisch würde darin sicher verbrühen. Also nimmt der Goldfisch lauwarm als brühend heiß wahr und schon wird die Grenze zwischen Objektivität und Subjektivität verschwommen. Was hilft uns alle Meßbarkeit, wenn wir doch in einer unermeßlichen Welt leben, in der alles Objektive subjektiv verarbeitet wird.

Langsam wird es mir etwas zu kompliziert und ich bevorzuge es, eine kleine Runde durch meinen Bananenhain zu spazieren. So stabil fühle ich mich nun schon wieder, vor allem gestärkt durch einen guten Kaffee mit Muskatnuß, Zimt und braunem Zucker.

Meine Hunde begleiten mich bei meiner kleinen Runde. Mit der Nase wild umherschnüffelnd stäuben sie durch die trockenen am Boden liegenden Blätter. Da kommt mir der Gedanke, mein Gott, wie sehen diese denn meinen schönen bunten Garten wohl? Wenn ich an meinen Biounterricht vor vielen Jahren zurückdenke, so erinnere ich mich, daß für Hunde faktisch alles grau in grau und teilweise verschwommen ist und zudem voller überdimensionaler Dufterlebnisse, vergleichbar mit dem Besuch in einer Parfümerie.

So schweifen meine Gedanken wieder zurück zu meiner vorhergehenden Überlegung, wie die Welt wohl tatsächlich aussehen mag. Überhaupt, wie funktioniert das Sehen, denn da gibt es ein paar Fragen, auf die ich nicht einmal in den Physiologievorlesungen und Praktikas meines Medizinstudiums befriedigende Antworten fand.

Gehen wir den Sehvorgang einfach einmal der Reihe nach durch: Fangen wir bei dem Licht an, das auf eine Oberfläche fällt und von dort in alle Richtungen reflektiert wird, unter anderem auch in Richtung unseres Auges.

Und schon habe ich ein Problem. Das Licht muß ja von jedem Bildpunkt meines Sehfeldes in alle Richtungen gleichzeitig reflektiert werden. Rein logisch weitergedacht bedeutet dies ja, daß ein Lichtstrahl, wenn er auf eine Oberfläche trifft, in unendlichen Anteilen in alle Richtungen zerstiebt, denn jeder kann den selben Bildpunkt von jedem Blickwinkel aus zur selben Zeit wahrnehmen. Einer der im Physikunterricht gut aufgepaßt hat mag nun sagen, ja, laut der optischen Gesetzmäßigkeiten ist der Einfallswinkel des Lichtstrahls gleich dem Ausfallswinkel. Dies bedeutet dann in seiner Konsequenz zu Ende gedacht, daß immer Licht in jedem unendlichfachen Winkel auf den einen einzigen Bildpunkt fällt und in die dementsprechende Richtung reflektiert wird, sodaß der Reflektionsstrahl unter anderem auch auf unser Auge trifft. Und wieder beginne ich zu staunen über die Unfaßbarkeit der Welt um mich herum, denn, wie gesagt, seit der Krankheit mit dem romantisch klingenden Namen hat sich alles verändert, vor allem meine Sichtweise und die Bedeutsamkeit der Dinge.

In Gedanken versunken komme ich an meinem gepfropften Limonenstrauch an, der nun endlich nach drei Jahren schneeweiß zu blühen beginnt und die ersten Fruchtansätze trägt. Unsere beiden schwarzen Hunde mit ihren leuchtend orangefarbenen Halsbändern balgen sich im satten Grün des Unterwuchses. Welch ein Bild natürlicher Freude! Oder soll ich im Sinne meiner Hunde sagen, sie balgen sich im satten verschwommenen grau des Unterwuchses, oder im Sinne der Bienen, die im Limonenstrauch umherschwirren, und nur ultraviolette geometrische Muster im Wirrwarr der Zweige wahrnehmen, mit welchen die Blütenblätter geschmückt sind; auch wenn ich diese so nicht wahrnehmen kann?

Nehmen nur wir als einzige Lebewesen die Farben so wahr, wie wir es tun?

Keine Ahnung, aber etwas macht mich stutzig. Angeblich wird ja Licht in Form von elektromagnetischen Wellen verschiedener Wellenlängen von der jeweiligen Oberfläche reflektiert. Jede einzelne Schwingungsfrequenz vermittelt dabei eine andere Farbe. Die Schwingungen des für uns sichtbaren Lichtes bewegen sich zwischen 360 nm (Nanometer) und 780 nm. Jedes Objekt hat seine eigene Farbgebung. Dies bedeutet, daß alle Wellenlängen, die im Ursprungsstrahl, der auf das Objekt trifft, vorhanden sind und nicht der wahrgenommenen Farbe entsprechen, absorbiert werden. Sie werden einfach von der Oberfläche verschluckt. Ein grünes Blatt schluckt einfach alles was nicht seinem spezifischen Grün entspricht. Das türkisfarbene Meer schluckt alles außer Türkis und strahlt seine Farbe in alle Richtungen gleichzeitig ab. Verrückterweise hat das Meeresblau von verschiedenen Standpunkten aus betrachtet ganz verschiedene Farbnuancen.

Um ganz ehrlich zu sein, ich selbst habe so meine Verständnisprobleme bei diesen Gedanken, die aus der Logik der wissenschaftlichen Erkenntnis heraus geboren sind.

Bleiben wir der Einfachheit halber einmal bei der menschlichen Physiologie des Sehens, denn diese kennen wir ja aus eigener Erfahrung: Das Licht wird durch die Krümmung der schützenden Hornhaut und der dahinterliegenden Linse gebrochen. Diese übernimmt zudem mit ihrer elastischen Formanpassung durch mehr oder weniger Muskelspannung an den ringförmig um sie angeordneten Muskeln, die Scharfstellfunktion für das auf die Netzhaut projizierte Bild. Dieses Bild erscheint auf der Netzhaut durch die Spiegelung und Brechung in der Linse und im Glaskörper des Auges auf den Kopf gestellt und verkleinert. Dieser Bildabdruck fällt in Form von Licht, das heißt in Form von elektromagnetischen Wellen einer bestimmten Frequenz, je nach Farbeindruck, auf die Netzhaut. Diese wiederum ist übersät mit den sogenannten Sehstäbchen und den Sehzapfen. Man muß sich diese wie ein abgeerntetes Getreidefeld vorstellen mit längeren und kürzeren Stoppeln. Lediglich, daß diese Stoppeln ihre „Wurzeln" dem Licht entgegenstrecken. Die Wurzeln stellen die Verbindung zu den Nervenbahnen dar. Diese Stoppeln, beziehungsweise die Zapfen und Stäbchen, reagieren nun auf den Reiz der ankommenden, durch die Farbe in ihrer Wellenlänge definierten elektromagnetischen Wellen, die wir als Lichtreiz bezeichnen. Wir wissen, daß die Zapfen eher für das Kontrastsehen und die Stäbchen für das Farbensehen zuständig sind.

Uff.... langsam wird mir wieder etwas schwummrig zumute und ich begebe mich wieder zurück auf die Veranda. Die Ameisenautobahn, auf welcher noch vor kurzem die zerlegte Küchenschabe transportiert wurde, führt nun über einen kleinen Umweg zu meiner, wahrscheinlich für Ameisen verlockend süß duftenden Kaffeetasse am Boden neben meinem Schwingsessel.

Seit meiner namentlich wohlklingenden, jedoch für mich persönlich schrecklichen Erkrankung, komme ich aus dem Staunen über die großen und kleinen Wunder in meinem Umfeld und in meiner Umwelt nicht mehr heraus. Sie waren doch auch schon vorher da, warum habe ich sie nur nicht als solche wahrgenommen? War es der Alltagsstreß oder das allgemeine Abgestumpftsein? Ich weiß es nicht, aber zumindest jetzt hat das Leben für mich wieder an Freude und Farben gewonnen und es motiviert mich ungemein, diesen faszinierenden Entdeckungsstreifzug fortzusetzen.

Gemütlich schwingend in meinem Sessel auf der Veranda fahre ich mit meinem Gedankengang über das Phänomen des Sehens fort, und vertiefe mich mehr und mehr in ein unvorstellbares Wunderwerk der Natur.

Diese Sehstäbchen und Sehzapfen enthalten einen Farbstoff, Rhodopsin genannt, dieser zerfällt bei Lichteinfall und wird anschließend wieder regeneriert. Die Häufigkeit des Zerfalls, also die Frequenz, führt nun zu elektrischen Reizen, die in die Nervenfasern, welche am oberen Ende mit den Stäbchen und Zapfen verbunden sind, einfließen. In einem komplexen Nervenfasergeflecht werden diese nun elektrisch gepulsten Reize verschaltet und in Nerven-faserbündeln über die sogenannte Sehnerven-kreuzung, wo verschiedene Nervenverschränkungen zwischen links und rechts stattfinden, in ein im Hinterhaupt gelegenes Hirnareal geleitet. Dort werden die elektrischen Nervenimpulse wie es im Lehrbuch so schön heißt „verarbeitet" und „interpretiert".

Also, noch einmal in Kurzfassung das eigentlich Unfaßbare: Licht in Form von elektromagnetischen Wellen wird von der Oberfläche eines jedweden Gegenstandes reflektiert und durch den Sehapparat auf die Netzhaut projiziert, wo aufgrund der vorgeschalteten Linse und des Glaskörpers ein verkleinertes und auf den Kopf gestelltes Abbild entsteht. Dort werden die elektromagnetischen Wellen in chemische Reize in Form von zerfallendem und sich wieder regenerierendem Rhodopsin in den Stäbchen und Zapfen umgewandelt. Der chemische Zerfallsreiz wird in den Nervenendungen, die als Synapsen bezeichnet werden, in elektrische Impulse umgewandelt und wandert dann als solche durch die Nervenfasern in ein Hirnareal im Hinterhaupt, wo das Interpretieren der elektrischen Impulse, beziehungsweise das Sehen stattfinden soll.

Wissenschaft hin, Wissenschaft her, das ist ja alles schön und gut, doch wenn dem so sein sollte, müßte ich das Bild der Welt ja in meinem Hinterkopf haben. Warum sehe ich aber die Dinge vor mir und um mich herum? Diese Beobachtung führte zu heißen Diskussionen in meiner Studienzeit.

Mittlerweile ist es schon spät am Abend. Frau und Kinder sind im Bett, während ich meine Gedanken noch zu Papier bringe. Die Zikaden zirpen an- und abschwellend im Chor und ein Gecko mit großen nachtangepaßten Glupschaugen (wie sieht dessen Welt wohl aus, denn er hat zweimal eine Weitwinkel-180°-Sehachse) hält mir lästige Insekten vom Leibe.

Erinnerungen an meine Rucksacktour durch Indien steigen in mir auf, als ich mir regelmäßig alle Zimmer in den Herbergen und Gästehäusern zeigen ließ, um mich dann immer für das Zimmer mit Gecko zu entscheiden. Natürlich war ein funktionstüchtiger und möglichst leiser Deckenventilator auch oft eine Entscheidungshilfe. Auch hier und jetzt bin ich um die Präsenz dieser tüchtigen Insektenjäger froh.

Es ist schon faszinierend, wie jedes Tier perfekt an seinen Lebensraum und seinen Aufgabenbereich innerhalb der Weltenordnung der Natur angepaßt ist.

Der Gecko klebt förmlich an Wand und Decke, hat schwarze Glupschaugen, die wie Weitwinkel-Nachtsichtgeräte funktionieren, eine blitzschnelle lange klebrige Zunge und füllt somit perfekt eine Nische in der Natur, nämlich seine ureigene Nische als nächtlicher Insektenjäger aus.

Lediglich der Mensch fällt aus dieser eigentlich in sich stimmigen Ordnung heraus. Wohl weil er, entgegen dem instinktgesteuerten spezialisierten und an seinen jeweiligen Platz in der Ordnung der Natur angepaßten Tier, weniger spezialisiert ist und zudem denken kann.

Der Gecko ist ganz Gecko und ihm ist alles andere egal. Ich dagegen bin Mensch und will die Welt, mich und meine Rolle in ihr verstehen. Gegenüber dem Tier unterscheidet mich mein Ich-Bewußtsein und die damit einhergehende Denkfähigkeit, welche zu einer Vielseitigkeit führt, die im Tierreich so nicht existiert. Ich kann Klemptner, Erzieher oder Atomwissenschaftler sein. Ich kann jederzeit verschiedene Entscheidungen fällen und mein Leben jederzeit anders gestalten. Ein Hund, eine Katze oder ein Goldfisch können dies nicht.

Dies ist wohl der Grund, warum ich zu später Stunde noch hier sitze und meine Gedanken in meinen Computer eintippe.

Der Gecko und alle Dinge um mich herum sind erlebbar, außerhalb von mir und nicht in meinem Hinterkopf, wo laut wissenschaftlicher Lehrmeinung das Sehen stattfindet. Die einzige für mich plausible Erklärung für das Phänomen des Sehens ist, daß wir das interpretierte Wahrnehmungsbild aus elektrischen Entladungen im Hinterkopf nach draußen auf die Umgebung projizieren. Wir sehen also im Endeffekt von Innen nach Außen, sonst wäre die Welt in unserem Hinterkopf, und da paßt sie einfach nicht hinein.

Allerdings, wie diese elektrischen Nervenentladungen im Hinterkopf zu dem gesehenen dreidimensionalen Bild vor meinen Augen werden, ist mir bisher ein unfaßbares Rätsel, wie eigentlich der ganze Sehvorgang bei genauerem Nachdenken eines ist.

Meine Wirklichkeit ist das Wahrnehmen dieser Welt durch die Funktion meiner Sinnesorgane und interpretiert nach meinen Denkrastern.

Wow, das klingt ja richtig gelehrt, ist aber nur das Resultat meines spätabendlichen logischen Denkens hier in meinem Häuschen inmitten der Kakaoplantagen.

Jetzt ist es aber dann wirklich Zeit ins Bett zu gehen, und, obwohl mir noch so viele Gedanken zufliegen, verabschiede ich mich von meinem Gecko und tauche nach einer kurzen Dusche ins Reich der Träume ein.

....

Tag für Tag geht es mir besser und das Schwindelgefühl, das sich als Nachwehen des Morbus Menière in Form von Unwohlsein im Kopf und in der Magengegend bemerkbar macht, flaut jeden Tag etwas mehr ab. Jedoch wächst mein Staunen und meine Bewunderung der Schöpfung gegenüber jeden Tag mehr und mehr.

Vorhin habe ich mir einen satten blauen Fleck an der Tischkante geholt. Mein Gott, das schmerzt heftig. Warum muß der Tisch auch so hart sein? Oder, besser gefragt, wie kann denn der Tisch überhaupt so hart sein, nachdem er doch laut der modernen Physik-Wissenschaft zu über 99% aus leerem Raum besteht, in welchem gelegentlich hier und da elektrische Entladungen stattfinden.

Laut dem wissenschaftlich gültigen Modell besteht ja die Materie, und der Tisch ist eindeutig harte Materie, aus Atomen. Zwar wurde das starre Borsche Atommodell, das ich noch in der Schule kennengelernt hatte, an die neuen Erkenntnisse angepaßt, und so schwirren die Elektronen nicht mehr in starren Bahnen um den Kern, wie die Planeten um die Sonne, sondern neuerdings befinden sie sich in Aufenthaltswahrscheinlichkeitsräumen, die nicht festgelegt werden können. Auch gibt es ja mittlerweile schon eine ganze Reihe weiterer subatomarer Teilchen, jedoch das Grundmodell wird als allgemein gültig anerkannt. Wer weiß wie lange noch! Bis vor ein paar hundert Jahren war die Erde ja auch noch eine Scheibe. Wehe dem, der daran zweifelte. Also wehe dem, der am Atommodell zweifelt! Ihn erwartet das Schicksal eines Ketzers der Moderne. Die Quantenphysik spricht allerdings mittlerweile schon von Schwingungsmodellen und stehenden Wellen im Raum. Unsere modernen Medien und digitalen Errungenschaften haben schon nichts mehr mit dem mechanistischen Weltverständnis zu tun, sondern basieren auf der modernen Quantenphysik.

Ich muß kurz eine kleine Schreibpause einlegen, da ich meinem Ziehsohn beim Aufspannen der Moskitonetze für die Nacht helfen muß. Es ist gerade Frühjahr, was bedeutet, daß es häufiger regnet und mit dem Regen kommen vermehrt die lästigen Blutsauger.

Also, kommen wir wieder zu den Elementarteilchen, den Elektronen, Neutronen und Protonen, aus welchen die Atome aufgebaut sind. Sie verhalten sich in ihren Abständen zueinander etwa wie die Planeten unseres Sonnensystems zu unserem Muttergestirn, der Sonne; und da ist ja bekanntlich unendlich viel weiter Raum dazwischen. Schon alleine der Abstand zwischen unserer Erdkugel mit einem Durchmesser von 12.700 Km und dem deutlich kleineren Mond beträgt im Durchschnitt 385.000 Km. Die Entfernung zum „Atomkern unseres Sonnensystems", zur Sonne mit gemittelten 150.000.000 (150 Millionen) Km sprengt zumindest meine Vorstellung. So etwa stehen die Atome, welche die Holzplatte meines Tisches formen im Verhältnis zueinander. Also ist die Tischplatte, so wie alle für mich fest erscheinende

Materie sehr viel „Nichts", beziehungsweise leerer Raum.

Jetzt ist auch für mich Zeit zu Bett zu gehen. Morgen ist ja wieder ein neuer Tag um meine Gedanken weiter zu verfolgen.

....

Wieder sind ein paar erlebnisreiche Tage vergangen, doch der Gedanke an die Welt, wie sie unsere Sinne für uns gestaltet, läßt mich nicht los.

Wenn nun die Materie, wie die Wissenschaft sie beschreibt, aus lauter solchen kleinen, je nach Art der Materie in bestimmter Struktur zusammengesetzter Atome, beziehungsweise im übertragenen Sinn aus „Sonnensystemchen" besteht, ist ja der weitaus größte Teil nichts, beziehungsweise nur leerer Raum, in welchem unter anderem gewisse physikalische Anziehungs-, Zentripetal-, Aufenthaltswahrscheinlichkeits- und Schwingungsgesetze wirken. Und trotzdem gaukelt uns der Tastsinn vor, daß die Materie fest und hart ist. Wie ist das denn überhaupt möglich? Ich habe keine Ahnung!

Ein Physiker erklärte mir einmal, daß dies mit synchronen Schwingungsfrequenzen der Atome zu tun habe.

Zumindest ergänzt und bestätigt unser Tastsinn das, was wir in unserer Umgebung sehen, zu einem komplexen Bild unserer Wahrnehmung. Somit schaffen und bestätigen unsere verschiedenen Sinne eine einvernehmliche urindividuelle Weltwahrnehmung.

Laßt mich hier in diesem Zusammenhang noch einmal den so gescheit klingenden Satz wiederholen, den ich ein paar Seiten zuvor in nächtlicher Stunde so stolz formuliert hatte: *Meine Wirklichkeit ist das Wahrnehmen dieser Welt durch die Funktion meiner Sinnesorgane und interpretiert nach meinen Denkrastern.*

Doch bevor mir der Kopf zu rauchen beginnt ist es nun an der Zeit, meinen Sohnemann vom Sportverein abzuholen. Er trainiert nämlich zweimal wöchentlich Baseball und träumt davon, wie alle Jungs in besagtem Alter, entdeckt zu werden und einen Vertrag für die große Liga zu bekommen, wie es schon so mancher Straßenjunge geschafft hat, der nun als Idol in coolen Posen als Poster viele Jugendzimmer schmückt.

Aber um ganz ehrlich zu sein, ich kann diesem Sport nicht viel abgewinnen, doch vielleicht liegt es auch daran, daß mir bisher keiner so richtig erklärt hat, worum es dabei eigentlich geht. Fußball, Basketball oder Volleyball ist für mich deutlich zugänglicher. Allerdings kann ich auch verstehen, daß hier vor Ort in Äquatornähe aufgrund der tropischen Wärme bevorzugt eine Sportart gespielt wird, wo man meiner Beobachtung nach die meiste Zeit nur herumsteht und nur gelegentlich einen kurzen Spurt hinlegen muß. Für den Baseballeingeweihten klingen meine Worte sicher wie Blasphemie für einen Gottesfürchtigen. Ich glaube ich sollte mich wenigstens mal zu Ehren meines Ziehsohnes mit dem Sport auseinandersetzen, um wenigstens zu verstehen, was ein Homerun oder ein Pitcher ist.

....

Wo war ich denn nun stehen geblieben, ach ja, bei meinem so gebildet klingenden Satz. **Meine Wirklichkeit ist das Wahrnehmen dieser Welt durch die Funktion meiner Sinnesorgane und interpretiert nach meinen Denkrastern.**

Auch nach mehrmaligem Durchlesen ist der Satz immer noch stimmig und stellt die logische Schlußfolgerung aus meiner bisherigen Beobachtung dar.

Doch das entpuppt sich erst als der Anfang meiner mich faszinierenden gedanklichen Reise zur Erkundung der Weltzusammenhänge, die mich nach der Wiederauferstehung von den Höllenqualen, genannt Menière, wieder zu interessieren und zu faszinieren beginnen, so wie einst als kleiner Junge, als ich die Welt noch mit Entdeckeraugen und Abenteuergeist erkundete.

....

Im Augenblick sitze ich an einem wilden Strand, nur fünf Autominuten von meinem Zuhause enfernt, und beobachte das Wellenspiel des Meeres, die immer wechselnden Bewegungen und Farben des Wassers. Die Luft trägt ein fischig salziges Parfüm und die Wärme entlockt meiner Haut einen dünnen Schweißfilm, der von der lauen Brise davongetragen wird. Ein unregelmäßiges Plätschern, gemischt mit Vogelgezwitscher und fernen Motorengeräuschen, wird an mein Ohr herangetragen. Alles ist wie es immer schon war und doch ist alles viel intensiver und bedeutungsvoller.

So sitze ich da und beginne mich zu fragen, wer bin ich eigentlich, der so dasitzt. Ich spüre meinen Hintern im Sand und das salzige Feucht des Wassers, das meine Füße umspült. Ich spüre den Hauch der Brise, ja ich spüre all dies, doch wer ist dieser „ICH", der unter Zuhilfenahme der Wunderwerke seiner Sinne all dies wahrnimmt?

Wieder komme ich ins Staunen, da ich mir eigentlich noch nie groß Gedanken dieser Art gemacht habe, und obwohl die Fragestellung so simpel ist, geht es direkt ans Eingemachte. Es geht um die wesentlichen Lebensfragen.

Nun, nachdem wir wissen, daß die Welt um uns herum erst durch die Sinnesorgane in der Form geschaffen wird, in der sie sich uns darstellt, wenden wir uns einmal dem Körper selbst zu, der mit seinen Sinnen in

Zusammenarbeit mit dem Nervensystem hierzu fähig ist.

Im Grunde genommen ist unser Körper ein Meisterwerk göttlicher Ingenieurskunst. Diese Einsicht gewann ich schon während meines Medizinstudiums, als wir diesen in seine Einzelteile zerlegten.

Das Wissen, daß unser Körper aus mehr als 50 Billionen Zellen besteht, die in aufeinander abgestimmter Teamarbeit Gewebe, Drüsen und Organsysteme bilden, ist für mich unvorstellbar. Wir sind also ein perfekt geordneter Zellhaufen, in welchem jede einzelne Zelle ihre ureigene Aufgabe erfüllt, um unseren Körper zu bilden und am Leben zu halten. Die hochspezialisierten Zellen unseres Organismus sind alleine nicht überlebensfähig.

Die Kombination des Skelettsystems, das uns Stabilität gibt, den Gelenken, Sehnen und Muskeln, die uns Beweglichkeit verleihen, den inneren Organen, die jedes einzelne für sich seine Aufgabe erfüllen um die Gesamtheit unseres Körpers gesund, fit und funktionsfähig zu halten. Die Tatsache, daß Billionen von verschiedentlich spezialisierten Zellen in den verschiedenen Organen in perfekter Harmonie zusammenarbeiten, zumindest solange man nicht aus dem Gleichgewicht fällt und erkrankt, ist für mich ein unfaßbares Wunder, das wir im Allgemeinen normalerweise einfach als gegeben annehmen.

Da wäre das Herz zu nennen mit seinen hochspezialisierten Muskel- und Nervenzellen, welches uns den Lebenspuls gibt, denn wenn es aufhört zu schlagen, gibt unser Körper im absoluten Wortsinne den Geist auf.

Die Lungen, welche in Kombination mit dem Herz das Blut mit vitaler Lebensenergie aufladen, doch es wird nicht nur Sauerstoff für die notwendigen Stoffwechselprozesse aufgenommen, sondern es werden unter anderem auch „Abfallstoffe" wie Kohlendioxid abgeatmet.

Das Blutsystem, das in seiner zellulären und chemischen Zusammensetzung als Transportwesen für alle lebensnotwendigen Stoffe, Hormone und Stoffwechselprodukte und im Wesentlichen auch als Abwehrsystem fungiert.

Das Verdauungssystem, das in seiner Komplexität aus Nahrungsstoffen körpereigene Stoffe und für uns verfügbare Energie produziert.

So könnte man endlos fortfahren und in die Details gehen, immer mit dem Ergebnis, daß man mehr und mehr zu staunen beginnt, wie von der Natur alles bedacht wurde und perfekt eingerichtet ist.

....

So sitze ich gemütlich am Strand und lasse alle Sinneseindrücke auf mich einwirken, während in meinem Körper millionenfach Zellen sterben und neu geboren werden, während von mir unbemerkt endlose Stoffwechselauf- und Stoffwechselabbauprozesse ablaufen, die mich mit meiner Umwelt vernetzen, während mein Verdauungssystem meine Spaghetti Bolognese verarbeitet, mein Herz regelmäßig schlägt, um alle Organe mit ausreichend Sauerstoff zu versorgen und meine Atmung sich dem Wellenrhythmus angleicht.

Langsam gleite ich in einen entspannten tranceartigen Zustand und mir kommt der Gedanke, daß ich froh sein muß, daß ich mich nicht um die Organisation meines Körpers zu kümmern habe, sondern daß hierfür vorgesorgt ist, denn all diese Prozesse laufen großteils automatisch ab.

Wieder kommt die fordernde Frage auf: Wer bin ich nun eigentlich? Wer sitzt da gemütlich am Strand? Ich bin mir bei diesem Gedanken dabei sehr bewußt, daß ich nicht dieser Körper bin. Ich komme mir vor als sei er wie ein Kleidungsstück. Ja, ich identifiziere mich mit ihm, ich bewege ihn zu Fuß, im Auto oder sonstwie durchs Leben; ich pflege ihn und gebe ihm Nahrung und bugsiere ihn durch so manche Erfahrung und Krankheit. Im Laufe der Zeit altert er und verliert seine anfängliche Vitalität. Und meistens denke ich, ER sei ICH. Ist das vielleicht auch nur ein Trugschluß der beschränkten Sinne oder der Interpretation meiner Wahrnehmung?

So schweifen meine Gedanken übers Meer und zurück zum Physikpraktikum in meinem Studium. Dort ist mir klargeworden, daß wir nur ein sehr beschränktes Spektrum physikalischer Phänomene mit unseren limitierten Sinnen wahrnehmen können. So hören wir nur bestimmte Frequenzen. Ultraschall und Infraschall hingegen können wir nicht wahrnehmen. Hierzu brauchen wir physikalische Apparaturen, sozusagen als Sinnesverlängerung. Das Gleiche gilt in Bezug auf die endlosen Frequenzspektren mit einer Wellenlänge oberhalb und unterhalb des für uns sichtbaren Lichtes. Und so ist unser ganzes Universum angefüllt von nur mit „Sinnesverlängerungen" wahrnehmbaren physikalischen Phänomenen.

Wie ich so dasitze wird mir Eines absolut klar: Ich habe diesen Körper, genauso wie ich Gefühle und Gedanken habe, doch ich bin nicht dieser Körper, sondern ein ICH, das sich mit diesem Körper identifiziert, in ihm lebt, fühlt und denkt - jedoch nur auf bestimmte Zeit. Dies ist mir durch „Monsieur Menière" wieder einmal äußerst bewußt geworden. Die zeitliche Beschränkung unseres Lebens, die uns mit in die Wiege gelegt wird, ist so sicher und klar wie nichts anderes auf der Welt. Doch wir leben und handeln als ob es nicht so wäre und wir die Ewigkeit gepachtet hätten.

Es ist faszinierend sich vorzustellen, wie von der Geburt an durch alle Lebensphasen der Körper Zeuge unserer Biografie ist. Ja, unsere Biografie ist ja teilweise in Form der Ausdruckslinien, andere nennen sie Falten, in unser Gesicht eingegerbt...

Ein Motorengeräusch und Stimmen mischen sich mit dem Rauschen der Wellen und lassen mich aufblicken. Es schaukelt ein kleines bunt bemaltes Fischerboot durch die letzten Wellen zum Strand, wo es mit einem Knirschen ankommt und von einigen Männern mit Baseballkäppis und vielfarbigen Shorts an Land gezogen wird. Eine Schaar von Kindern gesellt sich zu ihnen und bald wird die Beute, bestehend aus in allen Farben schillernden verschiedensten Fischen sowie einem Dutzend Hummern, fröhlich plappernd verteilt. Die Männer lassen eine Flasche Rum kreisen, verstauen den Außenbordmotor und gehen ihres Weges, begleitet von den Kindern.

Einfache fröhliche Menschen. Menschen, wie ich auch einer bin, und doch so ganz anders. Andere Hautfarbe, andere Kultur, andere Mentalität und differierende Lebensvorstellungen... Und meine Gedanken kommen zurück zur Formulierung meiner kürzlich gewonnenen Erkenntnis: ***Meine Wirklichkeit ist das Wahrnehmen dieser Welt durch die Funktion meiner Sinnesorgane und interpretiert nach meinen Denkrastern.***

Mir wird klar beim Beobachten der Szene, daß es die Denkraster sind welche im Wesentlichen die Unterschiede zwischen den Menschen ausmachen und deren Individualität begründen.

Das ist auch der Unterschied zu den Tieren, denn die wilden Hunde, die bei mir gerade vorbeisträunen und Freßbares suchen, werden hier „Viralatas" genannt, was soviel wie „Mülltonnenumwerfer" bedeutet.

Diese Hunde leben lediglich geleitet und getrieben von ihrem Instinkt. Klar, auch dieser Instinkt ist komplex und läßt gewisse charakterliche Unterschiede zu, wie es jeder von seinem Haustier her kennt. Diese Charakternuancen machen aber kein Tier zum Menschen. Der denkende Mensch dagegen kann gelegentlich zum Tier werden, wenn er sich von gewissen Instinkten, die auch ihm innewohnen, leiten läßt und sein Denken ausschaltet. Das ist ein Privileg, das nur der Mensch hat, denn kein Tier wird zum Menschen, da kann es sich noch so sehr anstrengen.

Was ist der Unterschied zwischen den einzelnen Hunden am Strand, die mich gerade beschnüffeln. Das Aussehen, die Farbe, die Größe, das Alter, aber alle sind sie instinktgetrieben und haben ihre hündischen Verhaltensmuster. Dahingehend sind sie alle gleich.

Was ist der Unterschied zwischen mir und den Fischern? Das Aussehen, die Hautfarbe, die Größe, das Alter, die kulturellen Unterschiede und darauf begründet die Denkraster. Ja, die urpersönlichen Denkraster, die wie Filter wirken um die von den Sinnesorganen eingefangenen Wahrnehmungen einzuordnen und, basierend auf den individuellen Vorerfahrungen und dem im Laufe des Lebens angeeigneten Wissen, zu interpretieren und zu kategorisieren.

Hierzu ein praktisches Beispiel, das besonders deutlich kulturell bedingte Unterschiede in den Denkrastern zeigt.

Meine Wahlheimat ist ein ziemliches Macho-Land, wo üblicherweise den Frauen hinterhergepfiffen wird und teils eindeutig zweideutige Komplimente nachgerufen werden. Die Frauen hier fühlen sich dadurch in ihrer Weiblichkeit geschmeichelt und geben ihrem Hüftschwung noch einen gewissen Kick dazu, während Frauen aus anderen Nationen, wie meiner Geburtsheimat, sich dadurch blöd angemacht und belästigt fühlen.

Dies wurde mir von meiner Schwester, als sie mich vor einiger Zeit besuchte, mit den genervten Worten, „was will denn der Typ von mir, das ist ja ätzend" klar bestätigt, als ein Dominikaner ihr hinterherpfiff und ein Kompliment machte. Andere Länder, andere Sitten, andere Denkraster eben.

So sind die Denkmuster von Kultur zu Kultur, von Ort zu Ort, abhängig von Ausbildung, von Erziehung, Glauben und Elternhaus, eben von Mensch zu Mensch, grundverschieden.

....

Meine Gedanken schweifen weiter und kommen zu dem Schluß daß jeder einzelne Mensch mit seinem ureigenen Denken und Fühlen ein komplett einzigartiges Wesen ist. Er hat einen individuellen Körper, zusammengesetzt aus der Erbmasse des Vaters und der Mutter, personifiziert im Laufe seiner biografischen Entwicklung durch seine Gefühle und Gedanken.

Doch seine Gefühle und Gedanken scheinen auch nur so wie der Körper ein Ausdrucksmittel zu sein, ein Darstellungswerkzeug, um sich in der uns von den Sinnen vorgegaukelten Welt gegenüber den anderen Menschen, Ausdruck zu verleihen.

Unabhängig von der Kultur scheinen jedoch die wesentlichen Gefühlsgrundmuster gleich zu sein und einen universellen Wahrheitscharakter zu haben, denn egal wo auf der Welt erleben die Menschen Liebeskummer, große heroische Gefühle oder Haß und Abneigung gleichermaßen...

Oh, die Zeit vergeht ja wie im Fluge bei meiner Gedankenakrobatik. Ich sollte schon auf dem Weg sein, um die Kinder von der Schule abzuholen. Nichts wie los!

....

Meine Tochter und ihr Halbbruder waren schon weg als ich die Schule erreichte. Sie hatten, da ich nicht pünktlich vor Ort war, wie üblich ein Motorradtaxi genommen und waren schon vor mir zuhause.

Das Mittagessen steht schon auf dem Tisch als ich ankomme. Es gibt Kochbananen aus dem eigenen Garten mit Lambi, einer Meeresschnecke, vom Geschmack her wie Tintenfisch, mit einer leckeren landesüblichen kreolischen Sauce.

Vor dem Essen sprechen wir üblicherweise folgendes Gebet:

Erde, die uns dies gebracht,
Sonne, die es reif gemacht,
liebe Sonne, liebe Erde,
Euer nie vergessen werde;
Das Brot allein ernährt uns nicht,
was uns im Brote speist,
ist Leben, Liebe und ist Geist.

Es hat mich viel Streß und Nerven gekostet diesen Brauch einzuführen, da hier gewöhnlicherweise bei laufendem Fernseher jeder vor sich hin futtert, anstatt gemeinsam das Mittagsmahl einzunehmen.

Für mich sehe ich es allerdings als wichtig an (auch macht es physiologisch gesehen Sinn), daß man vor dem Essen zur Ruhe kommt, und auch daß man sich bewußt macht, daß nicht alles selbstverständlich ist. Dies gilt für mich umso mehr nach meiner Krankheitserfahrung, denn obwohl die Dinge und

Situationen die selben geblieben sind, ist nichts, aber auch gar nichts, wie es einst vorher war. Alles hat sich in seiner Wertigkeit geändert.

Und so begann ich aus diesem Grunde, wenn es die Situation und die Zeit erlaubte, mit den Kindern ein Gedankenspiel zu spielen, indem wir die Ereigniskette rekonstruierten, die notwendig ist, um zum Beispiel die Kochbananen oder den Fisch fertig als Gericht auf dem Teller zu haben.

Das ist bei den Kochbananen aus dem eigenen Garten noch recht einfach, schwierig wird es bei Soßen mit allen möglichen Zutaten. Doch heute bleiben wir bei den Kochbananen. Meine Tochter und mein Ziehsohn tragen einzeln die Ereignisschritte zusammen und ordnen sie mit mir in der richtigen Reihenfolge. Vom Setzen der Staude in ein selbst ausgehobenes Erdloch, der Pflege der Pflanze, der Mithilfe von Regen, Sonne und Wärme beim Wachstumsprozeß, bis zum Blühen der Staude und dem Heranreifen der Früchte nach etwa neun Monaten. Nach dem Ernten folgt das Schälen und Kochen der Bananen, bis sie dann auf unserem Teller landen.

Wir haben immer großen Spaß bei dem Gedankenspiel und lernen dabei sehr viel. Vor allem wird mir bewußt, daß diese Gedankenübung einem hilft, die Dinge wieder mehr wert zu schätzen und sie hilft auch wieder, sich Zusammenhänge bewußt zu machen, die für uns mittlerweile so selbstverständlich geworden sind, daß wir sie gar nicht mehr direkt wahrnehmen.

Denn für die meisten kommt die Milch aus dem Karton im Supermarkt und nicht von der Kuh.

Wer möchte kann das Spiel ausbauen und alle Gerätschaften und Maschinen, deren Funktion, aber auch deren Herstellung mit all ihren Bauteilen, die zur Produktion der Lebensmittel notwendig sind, integrieren. Was man nicht weiß, kann man sich vornehmen für´s nächste Mal im Internet zu recherchieren. Innerhalb kürzester Zeit kann man sich auf diese spielerische Art und Weise Kenntnisse all der kleinen und großen Weltzusammenhänge und Funktionen aneignen.

So kommt man beim simplen Nachmittagskaffee nach dem Ernten und Rösten der Bohnen zum Rohstofftransport, zu Lagerungstechniken und Technologien zur Haltbarmachung, zu Containern und Frachtschiffen, zu Motoren, Kühlaggregaten, zu Funktechnik und GPS... Denn all diese Dinge haben Anteil daran, daß der wohlduftende und belebende Kaffee in unseren Tassen dampft.

Hier sitze ich nun mit eben meinem dampfenden Verdauungskaffee mit Muskatnuß und etwas echter Schokolade und fühle mich nach dem guten Mittagessen satt und träge.

Und schon haken meine Gedanken wieder dort ein, wo ich meinen Gedankengang am Strand unterbrochen hatte, nämlich bei den Gefühlen. Ich fühle mich nach dem guten Mittagessen voll, träge und faul...

Die Gefühle scheinen zumeist sehr eng mit dem körperlichen Befinden verknüpft zu sein. Nur ungern erinnere ich mich zum Beispiel an das fatale Gefühl während meiner Erkrankung, trotz Festkrallens an der Matratze kopfüber im Raum zu kreisen und ständig kurz vor dem Erbrechen zu sein. Gott sei Dank ist die Erinnerung immer nur ein Abklatsch des wirklichen Ereignisses. Sonst würde ich jetzt nicht so gemütlich an meinem Kaffee schlürfen können. Wie weise ist doch alles eingerichtet. Schmerzen und solche krankhaften Zustände können nicht im Nachhinein erlebnisidentisch reproduziert werden. Sie verblassen mit der Zeit, wohl damit wir uns im Leben auf den Augenblick konzentrieren können. Sonst würde eine Frau nach der Geburt ihres ersten Kindes alles tun, um nicht noch einmal so etwas traumatisches durchmachen zu müssen. Die meisten von uns haben jedoch Geschwister. Daran sehen wir, daß die Schmerzerinnerung verblaßt und die Freude am Kind überwiegt.

Wie schon gesagt, Gefühle und Empfindungen scheinen sich eigentlich immer im körperlichen Befinden bemerkbar zu machen. Teilweise sind sie auch ganz und gar körperbezogen, wie Hunger und Durst. Aber auch subtilere Gefühle, wie die Liebe in all ihren Ausdrucksformen, manifestieren sich körperlich. Sie löst eine ganze Reihe von physiologischen Körperprozessen aus, so zum Beispiel die Auschüttung von bestimmten Hormonen, welche die Arterien erweitern und zum Erröten führen, den Herzschlag beschleunigen und vieles weiteres mehr bewirken, was wir in dem Moment eines in uns aufsteigenden Liebesgefühls wahrnehmen können.

Wenn man nun weiter über die Gefühle nachdenkt, so kommt man darauf, daß es eigentlich nur zwei große Kategorien von Gefühlen gibt, und zwar diejenigen, die positiv auf einen wirken und ein Wohlgefühl vermitteln, und jene die negativ sind und ein Unwohlsein erzeugen. Zwar geben wir den Gefühlen viele verschiedene Namen, da es viele Nuancen innerhalb der Wahrnehmungen von grob bis fein gibt, aber letztendlich fühlen sie sich gut oder schlecht an. Ärger, Wut, Trauer, Haß oder Harmonie, Vertrautheit, Frieden und Liebe, sind nur verschiedene Nuancen der zwei Gegenpole auf der Gefühlsskala.

Bei diesem Gedanken fällt mir gerade auf, daß eigentlich alles zwei Seiten hat und es immer einen Gegenpol gibt, egal um was es sich handelt. Das scheint ein Phänomen der Welt zu sein, die uns umgibt. Die Welt der Dualität.

Zurück zu unseren Gefühlen; sie wirken sich je nach Polung auf den Körper aus, nämlich positiv oder negativ. Zudem sind sie oft auch gar nicht so einfach zu beeinflussen und so sind wir speziell in jungen Jahren oft himmelhoch jauchzend oder zu Tode betrübt, ohne dies groß kontrollieren zu können.

Gefühle des positiven Pols bewirken physiologischerseits Regenerationsprozesse, während

Gefühle des negativen Pols physiologischerseits unsere Zellen und Organsysteme unter Streß setzen und somit auch negativ auf unser Wohlbefinden und unsere Gesundheit wirken.

So wie der Körper sind auch die Gefühle nur ein Ausdrucksmittel meines wahren Wesens, meines Ichs, denn ich bin weder selbst der Durst bei der gerade so drückenden Mittagshitze, noch mein Ärger über den Kratzer im Lack meines Autos, den ich vorhin bemerkt habe, noch die innige Liebe zu meiner Tochter, die mir gerade ein Lied vorsingt.

Ich habe diese Gefühle, so, wie ich meinen Körper auch habe, aber ich bin weder meine Gefühle, noch bin ich mein Körper.

Ich schließe meine Augen und lausche dem Kinderlied meiner Tochter, und spüre dabei den aufkommenden Gefühlen nach.

....

Meine Gesundheit stabilisiert sich von Tag zu Tag mehr und mehr. Es vergeht die Zeit, es ereignen sich die alltäglichen Dinge des Lebens sowie auch gelegentlich außergewöhnliche Dinge. All dies reiht sich wie verschiedenfarbige Perlen an der Schnur der unaufhaltsam fortlaufenden Zeit auf.

Und wieder beginne ich mich zu fragen, warum ich vorher nicht mehr über das Phänomen Zeit und die vielen Dinge des Lebens tiefgründiger nachgedacht habe. Mit der Zeit ist es so eine Sache, stelle ich bei intensiverem Nachdenken fest.

In Afrika gibt es einen Volksstamm, dessen Wahrnehmung der Zeit grundverschieden von unserem Zeitverständnis ist. Für diese Menschen wird die Zeit immer mehr, denn auf jede vergangene Stunde folgt eine weitere und eine weitere und ein weiterer Tag und so geht es endlos weiter: während uns in unserer schnelllebigen Zeit die Zeit ausgeht. Sie vergeht rasend, und läuft uns sogar davon, und am Lebensende bleibt uns keine Zeit mehr.

Mir sagt die Vorstellung der Afrikaner mehr zu. Man fühlt sich weniger gehetzt und nimmt sich mehr Zeit für die wesentlichen Dinge, da man ja immer genug Zeit hat. Es kommt ja ständig eine weitere Stunde, ein weiterer Tag, ein weiteres Jahr dazu. Das heißt aber nicht, daß man seine Zeit vergeuden oder vertrödeln sollte. Denn eines Tages ist unsere Lebenszeit vorbei. Wann, das wissen wir jedoch erst, wenn es soweit ist.

Mittlerweile bin ich wieder so fit, daß ich meine beruflich notwendigen Fahrten in die Hauptstadt wahrnehmen kann. Das ist eine knapp dreihundert Kilometer messende Strecke, für die zumeist vier Fahrtstunden angesetzt werden müssen.

Ich liebe diese Fahrten wegen der vielseitigen Landschaften, die an mir vorbeiziehen. Vor allem liebe ich die grüne tropische Natur und die Straßendörfer mit den bunten aufgereihten Häuschen und dem Leben, das sich davor abspielt. Auch kann ich nicht leugnen, daß mir die Dynamik im Straßenverkehr Freude macht, auch wenn Freunde, die aus dem geordneten Deutschland zu Besuch kommen, diesen Spaßfaktor zumeist nicht nachempfinden können, sondern eher erschrocken und gestreßt sind.

Während dieser Fahrten kann ich auch immer meine Gedanken schweifen lassen und meinen Träumen nachhängen.

Ja, meine Gedanken schweifen lassen. Diese ziehen durch mein Leben, halten sich an Lebens-ereignissen der Vergangenheit in Form von Erinnerungen auf, konstruieren Zusammenhänge und Wunschträume.

Mit Vorstellungen und logisch angewandtem Denken hat der Mensch die Welt und den Weltraum erobert, hat Kolumbus die neue Welt entdeckt und die NASA mit Luis Armstrong den Mond betreten.

Alles, was wir an technischen Errungenschaften und künstlerischem Ausdruck um uns herum sehen und nutzen, existierte zuerst in Gedanken bevor es manifest wurde.

Bevor ein Haus entsteht muß eine Gedanken-Plan-Idee geboren und über verschiedene Skizzenstadien auf dem Reißbrett als Bauplan zu Papier gebracht werden. Erst dann kann der Baumeister das Haus in Stein, Stahl, Glas und Holz tatsächlich bauen. Genauso ist es bei einem neuartigen Staubsauger oder einem Kunstwerk. Immer ist die Idee die Grundlage, die sich als ein komplexes Gedankenkonglomerat aus vergangenen erfahrenen Zusammenhängen und neuen Verknüpfungen darstellt.

Ich erschrak richtiggehend als ich begann mir die Zeit zu nehmen zur Ruhe zu kommen und meinen Gedankenstrom zu beobachten. Dieser ist unaufhörlich und unaufhaltsam und großteils nicht einmal bewußt, doch ständig präsent. Er läßt sich von äußeren und inneren Sinneseindrücken anregen, lebt ein ziemliches Eigenleben und springt zumeist von einer Sache zur nächsten. Es kostet viel Disziplin und Mühe, etwas Ordnung in diesen automatischen Gedankenfluß zu bringen.

Ich habe diese Gedanken so, wie ich meine Gefühle und wie ich meinen Körper habe - aber ich bin weder meine Gedanken, noch meine Gefühle, noch mein Körper. Doch wer oder was bin ich dann?

....

So sitze ich gerade auf dem Bett einer „Cabaña Turística" nach einem anstrengenden Tag mit mehreren Geschäftstreffen in Santo Domingo. Wie gut, daß es diese Cabañas gibt. Hier kann ich nun für heute auf angenehme Weise zur Ruhe kommen, mit einem warmen Yacuzzi und einem gemütlichen Snack auf einem Ledersofa, während die Nachrichten der Deutschen Welle über einen in die Wand eingelassenen, überdimensionierten Flatscreen-TV flimmern.

Diese Cabañas sind eine Blüte der Subkultur meiner Wahlheimat und aus Notwendigkeit geboren, denn wo sonst können Paare aus engen großfamiliären Wohnverhältnissen ihren Hormonen freien Lauf lassen; und wo sonst können verbotene Liebschaften ausgelebt werden, von denen es hier im Latinomacholand wohl mehr gibt als geordnete Ehebeziehungen.

Für heute schätze ich die Hygiene und den Service, denn morgen habe ich erneut ein volles Programm, bevor es dann wieder zurück in mein trautes Heim zwischen grünen Hügeln und Kakaoplantagen geht.

Mir drängt sich der Gedanke auf: Verrückt, was mache ich hier? Warum bin ich hier, in diesem fremden Land, unter diesen Verhältnissen?

Und so verfolge ich die Lebensereignisse zurück durch mein Leben und komme an Knotenpunkte und Schlüsselereignisse, durch welche gewisse

Weichenstellungen stattgefunden haben. Waren es freie Entscheidungen oder haben mich die Umstände gedrängt, gewisse Wege einzuschlagen? Je mehr ich darüber nachdenke, umso mehr komme ich zu dem Schluß, daß alles so wie es ist, seine Ordnung hat, und daß ich trotz schwieriger Zeiten nichts missen möchte. Auch habe ich das Gefühl, daß gewisse Dinge einfach schicksalsmäßig unausweichlich geschehen mußten. Zudem sehe ich einen gewissen logischen Sinn in der Ereignisaufreihung meiner Biografie, welche mit meiner Erkrankung ihren bisherigen korrektiven Höhepunkt erreicht hat. Korrektiv deshalb, weil bestimmte tiefgreifende Lebensereignisse zu Weichenstellungen im Leben führen.

Manchmal scheint sich das Schicksal eines solchen Kunstgriffs zu bedienen um einen wachzurütteln, oder um einen neuen Lebensabschnitt einzuläuten, den man im Eifer des alltäglichen Gefechts sonst verpaßt hätte, oder verpassen würde. Ich wurde hingeführt wieder ein bisschen mehr in die Tiefe zu denken und die Lebensereignisse in einem anderen Licht zu sehen.

Und so sitze ich in meinem dampfenden herzförmigen Yacuzzi. Ein angenehmes Wohlgefühl breitet sich in mir aus und ich beginne meine Gedanken schweifen zu lassen. Ich beginne in die Tiefe zu denken.

So wird das Denken selbst zum Inhalt meiner Aufmerksamkeit.

Was geschieht dabei eigentlich? Und wie funktioniert das eigentlich?

Und wieder beginne ich wie ein kleines Kind zu staunen, da mir das unfaßbare Wunder des Denkens wieder als solches klar wird. Ich beginne darüber nachzudenken, anstatt es als eine absolute Selbstverständlichkeit hinzunehmen. Die Fähigkeit zu denken ist, was den Menschen über das Tier erhebt, und das kann nicht nur das Ergebnis eines darwinistischen evolutionären Ausleseprozesses sein. Dessen bin ich mir absolut sicher.

Schulwissenschaftlich gesehen denken wir mit dem Gehirn. Denken bedeutet faktisch Hirnchemie zu betreiben. Man kann mit magnetresonanztechnischen Hilfsmitteln sogar genau bestimmen, welche Hirnareale bei bestimmten Gedanken und Gefühlen aktiviert werden.

Der anstrengende Tag, das Denken und das angenehm warme brodelnde Badewasser fordern ihren Attribut. Mir fallen fast die Augen zu. Und obgleich es nicht das erste Mal ist, daß ich in dieser Cabaña nächtige, kommt mir alles etwas anders vor.

....

Meine Meetings sind vorbei und ich mache mich auf den mehrstündigen Heimweg. Im neueröffneten Ikea von Santo Domingo esse ich Fleischklößchen mit Pommes, Preiselbeermarmelade und einer leckeren Soße. Sie schmecken fast identisch wie in anderen Ikea-Filialen auf anderen Kontinenten. Lediglich, daß sie hier „Albondigas" heißen und in Schweden „Kötbullar". Wenn ich mich hier so umschaue, kommt mir der Gedanke, daß Ikea im Grunde genommen eine der Stilblüten der Globalisierung als „Möbel-MacDonalds" ist, allerdings mit etwas besserem Geschmack in Bezug auf Einrichtungslösungen und das Essen im Ikea-Restaurant.

Nachdem ich das kreative Verkehrschaos der Hauptstadt hinter mir gelassen habe, beginnt sich die Autobahn durch grüne bewaldete Hügel zu schlängeln. Dies sind Momente, die ich besonders genieße. Freie Fahrt, rechts und links an langsameren Sattelschleppern, Pick-Ups und Autos vorbei, durch laufend wechselnde Landschaften. In der Ferne erhebt sich das Massiv des höchsten Berges der Karibik, der Bergzug des Pico Duarte, der mit über dreitausend Metern sogar die deutsche Zugspitze überragt und dem tropischen Breitengrad fast alle Klimazonen beschert. Zwar gibt es dort kein ewiges Eis und keine Skipisten, aber frische Erdbeeren und Äpfel sowie Wildwasserrafting. Aufgrund dieser Vielgestaltigkeit der Natur ist dieses Land, meine Wahlheimat, für mich so besonders reizvoll.

So ziehen die Landschaften und Straßenstände an mir vorbei. Dort werden Cashewnüsse, Süßkartoffeln und typische Süßigkeiten aus karamelisierter Milch sowie allen möglichen und unmöglichen Grundbestandteilen, wie verschiedenen Früchten, Kokosnüssen, Orangen oder Grapefruitschalen oder sogar grünen Tomaten feilgeboten. Einige Kilometer weiter, in La Cumbre, gibt es wunderschöne Blumen. In Bonao gibt es viele Töpferwerkstätten und frische Fische und Süßwasserkrebse aus Zuchtteichen. Wieder etwas weiter gibt es bunte und leuchtend farbige Rupfenteppiche, und, wenn man sich dann nach knapp zweihundert Kilometern Santiago nähert, gibt es viele Möbelfabriken, Töpfereien und Autohändler entlang der Autobahn. Zwischendrin warten Ziegen, Gänse und Papageien auf ihren Käufer. Schnell kann man auf dieser Strecke wegen der vorgeschriebenen Geschwindigkeitsbeschränkung auf 100km/h, aber auch wegen der anderen Verkehrsteilnehmer und allen möglichen Unvorhersehbarkeiten, sowieso nicht fahren. Jedenfalls kommt auf dieser Strecke keine Langweile auf, und Einschlafgefahr, wie ich sie vor vielen Jahren auf einigen französischen Autobahnen erlebt habe, wo man kilometerweit nur flache Felder an sich vorbeiziehen sieht, gibt es hier auf keinen Fall.

Überhaupt ist das Leben hier in vielerlei Hinsicht viel interessanter, intensiver und vielgestaltiger, als ich es von Deutschland her gewohnt bin, denn hier ist der Alltag ständig mit so vielen unvorhersehbaren

Ereignissen und Zwischenfällen, aber auch Komplikationen gespickt, daß man schwerlich alles so geregelt bekommt, wie man es sich vorstellt. Dies erfordert durchweg eine große Portion Gelassenheit und kreative Erfindergabe um hier vor Ort klar zu kommen. Langeweile kann dabei eigentlich nicht aufkommen.

Für diese hier lebensnotwendige Kreativität brauchen wir unsere Denkfähigkeit und Kombinationsgabe, wobei wir wieder bei dem Thema Denken angelangt wären. Was ist das eigentlich?

So richtig konnte mir dies auch kein Professor während meines Medizinstudiums erklären, also machte ich mich selbst auf die Suche nach annehmbaren Erklärungsmodellen.

Die Erkenntnis, daß Denkvorgänge Erregungen im hochkomplexen Nervengeflecht des Gehirns auslösen, leuchtet mir ein und ist auch logisch und mit modernen Apparaturen nachvollziehbar. Daß jedoch die Milliarden von Erinnerungsinhalte, die ein Mensch mit allen seinen Sinnen im Laufe seines Lebens ansammelt als sogenannte „kreisende Erregungen" im Gehirn gespeichert werden sollen, bereitet mir großes Kopfzerbrechen. Mehr noch die Idee, daß die Gedächtnisinhalte in Form von Eiweißmolekülen im Gehirn abgelagert werden. Die unendlich vielen Details eines Lebens würden ja Tonnen wiegen, denn auch wenn sie vergessen erscheinen, so können sie doch mit allen Einzelheiten unter Hypnose jederzeit wieder an die Oberfläche des Bewußtseins geholt werden. Alle Modelle scheitern also am Speicher. Wo sind all diese Bilder, Ideen, Gefühle und Assoziationen jederzeit abrufbar gespeichert?

Bei diesen Überlegungen kann man in letzter Konsequenz nur zu dem Schluß kommen, daß unser Denken und Erinnern ähnlich dem überall präsenten WWW organisiert sein muß. Das Gehirn entspricht dem Computer, dem Terminal, wo die aktuellen Eingaben wie Sinneseindrücke oder Erinnerungsinhalte verarbeitet und kombiniert werden. Es wirkt als Transformator mit Empfänger- und Sendereigenschaften. Die Datenbank ist ausgelagert und es wird immer nur das im Moment relevante von dort abgerufen. Klar, damit es nicht zu Verwechslungen der urpersönlichen Inhalte kommt, hat jedes Gehirn einen unverwechselbaren Code und ruft nur seine eigenen Inhalte ab. Zumindest so kommt mir die Sache des Denkens und des Gedankenspeichers etwas plausibler vor.

Dieses Speicherfeld scheint hinter zahllosen Phänomenen unserer Welt zu stehen. Wen dieses Thema mehr interessiert, dem empfehle ich, sich einmal etwas näher mit Rupert Shelldrake, Deepak Chopra und Pierre Franckh zu befassen, drei herausragende Größen, die sich im Grenzbereich der modernen Wissenschaften bewegen.

In diesem Grenzbereich ist es, wo Lösungsmodelle erarbeitet werden, die in der Zukunft die Paradigmen der bestehenden Wissenschaften ersetzen werden. So wurden alle wissenschaftlichen Grenzgänger im Verlaufe der Menschheitsgeschichte, die ihrer Zeit voraus waren, immer bekämpft und verlacht, bis ihre Erkenntnisse anerkannt und zum Allgemeingut wurden.

Hier ein kleines Beispiel aus der Geschichte: Die Behauptung, daß die Erde keine Scheibe ist, sondern eine annähernde Kugelform hat, wurde zu Kepplers Zeiten als Ketzerei bezeichnet. Heute fragt kaum ein Kind mehr danach, warum die Leute in Australien nicht herunterfallen und es macht seine ersten Weltreisen mit dem Finger auf dem Globus. Die Schwerkraft und die Erdkugel sind für jedermann, ja schon für jedes Kind zum Allgemeingut geworden.

Warum heutzutage jedes Kind Zusammenhänge als logische Selbstverständlichkeit annimmt, die vor hunderten von Jahren nur hochgebildete und herrausragende Persönlichkeiten mit ihrer Denkfähigkeit erfassen konnten, läßt sich mit dem von dem Biologen Rupert Sheldrake erstmals formulierten und beschriebenen Morfischen oder Morfogenetischen Feld gut nachvollziehbar erklären. Er hat auch mit einer ganzen Reihe von Beobachtungen und Versuchen diese Zusamenhänge aufgezeigt und unter Beweis gestellt.

Aufmerksam wurde er auf diese Zusammenhänge durch die Beschreibung von Verhaltensforschern, die auf einer japanischen Inselgruppe beobachteten, wie die Population von Inselaffen auf einer der Inseln anfing, die ausgegrabenen Wurzelfrüchte im salzigen Meerwasser zu waschen, bevor sie diese verspeisten. Fast zeitgleich begannen Affenfamilien auf anderen Inseln die selbe Prozedur zu vollziehen, ohne dies abgeschaut haben zu können, da die anderen Inseln meilenweit entfernt lagen. Was war geschehen? Es mußte irgendwie eine nicht konventionelle Übertragung der Information, daß im Salzwasser gewaschene Kartoffeln besser schmecken und verträglicher sind, stattgefunden haben. Dies bedeutete einen Evolutionssprung für die japanischen Inselaffen.

Diese Beobachtung führte zu einem hochinteressanten Experiment dem die Idee zugrundeliegt, daß es ein Feldphänomen gibt, das Informationen speichert und unabhängig von Ort und Zeit übermittelt.

Um diese Idee zu untermauern nahm Rupert Sheldrake Ratten einer Familie, und verteilte sie auf der ganzen Welt in verschiedenen Laboratorien. Dann ließ er sie zeitversetzt durch ein identisches Labyrinth zum heißbegehrten Käse laufen. Die Pionierratten, die als erstes durch das Labyrinth auf die Suche nach dem Käse geschickt wurden, brauchten eine bestimmte Durchschnittszeit mit einer relativ großen Zahl an Irrwegen. Die Ratten die an einem anderen Ort der Welt um eine Stunde versetzt durch ein baugleiches Labyrinth geschickt wurden, waren insgesamt schneller mit weniger Irrwegen und so setzte sich die

Ergebnisreihe fort. Die Ratten schienen außerhalb konventioneller Informationsübertragungswege von ihren Artgenossen zu lernen und sie vermieden Fehler, welche die vorangegangene Gruppe gemacht hatte und kamen somit schneller zum Käse.

....

Apropos Käse; ich werde auf meinem Nachhauseweg an einer kleinen Käserei vorbeifahren, dort wird leckerer „Queso de hojas" hergestellt. Der Name bedeutet so viel wie „Blätterkäse". Ein Frischkäse in ein bis zwei Pfund schweren etwas verformten Kugeln, der vergleichbar einem Blätterteig wie in Schichten gewickelt scheint.

Die Käsekugel in kleine Stücke geschnitten und kurz ins heiße Wasser getaucht, kombiniert mit „Guineitos" (das sind die gelben Chiquitabananen, die wir vom Supermarkt her kennen, jedoch hier vor Ort unreif grün geerntet und gekocht werden) aus dem eigenen Garten, geben ein leckeres Abendessen ab.

....

Vom Käse wieder zurück zu dem Versuch mit den Ratten, der eindeutig zeigt, daß ein Feld existieren muß, in welchem Informationen jederzeit abrufbar gespeichert werden. Ein Feld, das Gruppen, wie den Ratten im Allgemeinen, aber wohl auch dem Menschen im Einzelnen, Zugang zu vergangenen Erfahrungen schafft und somit das Phänomen der Evolution, der Erinnerung, der Erkenntnis und der Lernfähigkeit ermöglicht.

Diese Ergebnisse führten zu weiteren Versuchsreihen. Zum Beispiel wurde unter Laborbedingungen die Zeit gemessen, die eine Studentengruppe zum Lösen verschiedener Kreuzworträtsel brauchte, bevor das Rätselheftchen, in welchem die Rätsel abgedruckt waren, veröffentlicht wurde. Eine weitere gleich intelligente Gruppe löste die Rätsel, wieder unter Laborbedingungen, einige Wochen nachdem die Heftchen veröffentlicht und von zigtausenden Lesern bearbeitet wurden. Was stellte sich dabei heraus? Klar, die zweite Gruppe löste die Rätsel im Durchschnitt deutlich schneller als die erste. Diese Versuche wurden mehrfach wiederholt und das Ergebnis bestätigte sich regelmäßig.

Das selbe Phänomen kann auch bei der Auskristallisierung von chemischen Verbindungen beobachtet werden, nämlich, daß die Auskristallisierungszeit bei wiederholten Versuchen jedes mal um hunderttausendstel Sekunden kürzer wird.

Die moderne neue Wissenschaft der Epigenetik befaßt sich mit dem Aufnehmen und Verarbeiten von äußeren Informationseinflüssen in unsere genetischen Strukturen. Diese Wissenschaft ist schon weit davon abgekommen, die Gene als alleinbestimmende Erbmasse zu sehen. Vielmehr ist sie eine Speichermatrix zur Transformation alter und neu hinzugefügter evolutiver Inhalte und ist viel flexibler als noch vor wenigen Jahren angenommen.

....

Nach einem schönen sonnigen, aber auch ermüdenden Strandtag mit Familie, mit Picknick und allem was dazugehört, sitze ich nun hier und lese mein bisheriges Skript durch, um mir selbst die wesentlichen Punkte, die mich bisher beschäftigt haben, noch einmal Revue passieren zu lassen und mir klar zu machen.

Alles ist anders in seiner Wertigkeit seit ich nach meiner Erkrankung wieder begonnen habe in die Tiefe zu denken, und das Staunen über die großen und kleinen Wunder des Weltenzusammenhangs wiedergewonnen habe.

Heißt es nicht in der Bibel so schön: Werdet wie die Kinder... und tatsächlich, mir kommt es so vor, als ob ich erneut die Welt wie durch unvoreingenommene Entdeckeraugen betrachte, begleitet von der kindlichen Neugier, das was ich sehe, verstehen zu wollen. Klar, mein nicht mehr ganz so kindhafter logischer Verstand ist dabei auch mit von der Partie. Und so komme ich zu folgendem Schluß:

In wenigen Sätzen zusammengefaßt habe ich für mich erkannt, daß ich diese Welt durch die Funktion meiner Sinnesorgane wahrnehme und diese Wahrnehmungen interpretiere. Somit gaukeln mir meine Sinne eine durch meine Denkraster individuell gefärbte Welt vor.

Die Sinne sind Funktionsorgane meines Körpers, den ich benutze, um mir Ausdruck zu geben, doch ich bin nicht dieser Körper, genausowenig, wie ich meine Gefühle und meine Gedanken bin.

Ich habe sie und nutze sie alle, den Körper, die Gefühle und die Gedanken und verschaffe mir Ausdruck in der Welt durch sie.

Doch wer bin ich dann tatsächlich?

Unglaublich, scheinbar hat sich nichts verändert in meinem Umfeld, doch die Bedeutsamkeit der Dinge ist eine andere geworden, eine umfassendere, tiefere und erfüllendere. Und all dies Dank einer schicksalshaften Erkrankung. Zumindest fange ich an, die Sache nun aus diesem Blickwinkel zu sehen und beginne zu verstehen, warum meine Großmutter ihre frühkindliche Kinderlähmung, die eine lebenslange Gehbehinderung wegen eines Klumpfußes zur Folge hatte, im Nachhinein als eine Segnung ihres Lebens bezeichnet.

Als Arzt habe ich schon des öfteren die segenbringenden Effekte von schicksalhaften Erkrankungen bei Patienten beobachten dürfen. Das jedoch ist eine Facette der Medizin, die äußerst individuell und subjektiv zu verstehen ist. So hat diese nichts direkt mit der Erkrankung selbst, sondern mit den tiefgreifenden persönlichen Veränderungen im Leben und in der Psyche des Patienten zu tun.

....

Gerade bin ich dabei die alten braunen Blätter meiner Bananen- und Platanostauden mit einer schon etwas stumpfen Machete zu entfernen. Dabei kommt mir der Gedanke, daß wohl die Weisheit der Natur in allen ihren Erscheinungsformen nicht unbedingt im Samen und in der genetischen Codierung der DNA des Zellkerns zu suchen ist, sondern womöglich in dem schon erwähnten Feldphänomen. Ich kann mir vorstellen, daß diese im Zellkern befindlichen DNA-Spiralen lediglich die Transformationsinstrumente darstellen, die dann die Information des intelligenten Feldes ins materielle heruntertransformieren und materialisieren.

Klar, wissenschaftlich ist nachgewiesen, daß die Sequenz der DNA-Moleküle die Reihenfolge der Aminosäuren kodiert. Basierend auf dieser Reihenfolge formen sich die verschiedenen Proteine mit ihren ganz unterschiedlichen Funktionen. So sind die meisten Enzyme, welche metabolische Prozesse in Gang setzen, Proteine. Auch die Muskelfasern, die Immunabwehrmoleküle und Strukturelemente unseres Körpers bestehen aus ihnen.

Jede Zelle hat die selbe genetische Ausstattung. Wie jedoch der Auswahlprozeß, welche Proteine von der jeweiligen Zelle produziert werden, und im Besonderen, wo diese dann ihren Einsatzort haben, ist bisher nicht wirklich geklärt.

Sobald man etwas tiefer in die Materie eintaucht, umso mehr offene Fragen kommen auf.

Zumindest bin ich am staunen, unabhängig davon, wie alles tatsächlich funktioniert. Es ist für mich fast unvorstellbar, wie aus einem kleinen Samen, oder einer noch kleineren Samenzelle, eine komplexe Pflanze oder ein noch komplexeres Tier hervorgehen kann.

....

Aber nun zurück zum Denken. Die Pflanzen in meinem Garten gedeihen prächtig; denken können sie jedoch nicht. Sie reagieren lediglich auf äußere Einflüße, wie Wärme, Trockenheit, Licht und Schatten, Bodenbeschaffenheit und sogar auf Musik und Gedanken. Dies wurde von Biologen in eindrucksvollen Experimenten gezeigt.

So wurde von ihnen zum Beispiel ein Gewächshaus mit Tomatensetzlingen mit klassischer Musik beschallt, und ein anderes wurde mit Heavy Metal Musik bespielt. Das Ergebnis war verblüffend. Die Pflanzen, die mit klassischer Musik berieselt wurden, gediehen mit Abstand am besten, hatten die schmackhaftesten und vitaminreichsten Früchte und die wenigsten Schädlinge. Und wer hätte es anders erwartet, die Heavy Metal Tomaten waren eher verkümmert und krankten am meisten.

Vor diesem Hintergrund ist es gar nicht so abwegig, wenn man mit seinen Pflanzen spricht, sei es auch nur in Gedanken. Auch hierzu gibt es interessante Untersuchungen.

So wurden Philodendren, typische Zimmerpflanzen in deutschen Wohnzimmern, an Spannungsmesser angeschlossen. Diese reagierten faszinierenderweise auf Gedanken und Handlungen der sie betreuenden, in diesem Falle gießenden Person, mit positiven oder negativen Stromausschlägen.

Welch eine Vorstellung, daß die uns umgebende Natur sich mit uns freut oder mit uns leidet. Wir sind offensichtlich alle vernetzt; und vor diesem Hintergrund hat das Waldsterben und der Artenschwund einen ganz anderen Beigeschmack.

Stellt man sich diese Zusammenhänge einmal klar vor Augen, so wird einem die Verantwortung als denkendes Wesen für unsere Umwelt bewußt. Denken bedeutet also nicht nur Hirnchemie zu betreiben und hat nicht nur Einfluß auf unser persönliches Wohlbefinden, sondern auch auf das Wohlbefinden der uns umgebenden Pflanzen und Tierwelt, und natürlich auch auf unsere Mitmenschen. Da kann einem Angst und Bange werden, wenn man sich klar wird, wieviel Müll man im Verlaufe eines Tages so zusammendenkt.

Tiere hingegen Leben nur ihren Instinkten, die alle nur auf Überleben programiert sind. Wirklich denken können sie genausowenig wie die Pflanzen. Der farbenprächtige Kolibri, der mit seinem speziell hierzu geformten Schnabel den Nektar aus den tiefen Blütenkelchen saugt; die Kreuzspinne, die ihr konzentrisches Netz kunstvoll zwischen den Zweigen meines Limonenstrauches aufgespannt hat und auf Beute wartet; meine zwei Hunde, die sich spielerisch gegenseitig durch die Büsche jagen; die Wespen, die ihre röhrenartigen Behausungen aus Speichel und Holzraspeln unter dem Dachüberhang anbringen; sie alle leben in perfektem Einklang miteinander. Einer ist des anderen Nahrungsquelle, Beute und Jäger, sie alle bilden ein in sich geschlossenes, und in sich ausgewogenes System. Ich sehe hierin einen perfekten Naturkreislauf.

Nur der Mensch, die sogenannte Krone der Schöpfung, fällt aus dem Ganzen heraus. Wohl weil er mit seinem Denken und Handeln Einfluß auf den Rest der Schöpfung nimmt. Dies geschieht direkt mit all seinen Erfindungen, den sogenannten Errungenschaften der modernen Zeit, wie den Autobahnen, den Atomkraftwerken und den Staudämmen. Dies geschieht aber auch indirekt durch die Qualität seiner Gedanken, die sich in das morfische Feld einprägen und somit Einfluß auf die Manifestation unserer Realität nehmen, genauso, wie die Musik auf die Pflanzen Einfluß nimmt.

Dieser Einfluß der Gedanken auf die Materie, ja, sogar auf die allgemein als Erbanlagen angesehene DNA, wurde in der jüngsten Zeit eindrucksvoll von der modernen Wissenschaft bewiesen. Im HeartMath Institute konnte in Versuchen gezeigt werden, daß menschliche DNA, die positiven Gefühlen ausgesetzt ist, ihre Helixstruktur entspannt, während negative Gefühle die DNA Spiralen verkürzen und es zu Abschaltungen von Gensequenzen kommt.

Dies zeigt deutlich, daß negative Gedanken und Gefühle bis in den molekularen Bereich hinein Veränderungen auslösen, welche sich in einer Reduktion der genetischen Ausdrucks- und Lösungsmöglichkeiten manifestiert.

Positive Gefühle hingegen eröffnen eine ungeahnte Spannweite an Entwicklungs- und Heilimpulsen.

......

Hier sitze ich nun gedankenversunken auf meiner Veranda, es ist schon spät und die Dunkelheit kriecht aus allen Ecken, Glühwürmchen durchflackern die ruhige gespenstische Stimmung und mein Geist schweift hinaus in den gedankenerfüllten unendlichen Raum.

In Wirklichkeit ist dieser Raum nur so leer, da wir die ganzen ihn durchkreuzenden Schwingungen mit unseren Sinnen nicht wahrnehmen können. Alle Radiosender, Fernsehkanäle, Telefongespräche, GPS Signale und bisher noch nicht entdeckte und nicht meßbare Phänomene, wie zum Beispiel Gedankenwellen, erfüllen ihn mit einem Wirrwarr von Realitäten, die wir aber dank unserer beschränkten Sinne aus unserer Wahrnehmung ausklammern.

Außerdem komme ich zu dem Schluß, daß eigentlich weder die Glühwürmchen, noch die Dunkelheit, noch der Stuhl auf welchem ich sitze, per se eine Bedeutung haben. Sie sind einfach da. Erst meine gedankliche Reflexion gibt ihnen ihren Stellenwert und ihre Bedeutung im Universum, zumindest in meinem Universum.

Eigentlich hat nichts, aber auch gar nichts eine Bedeutung, bis wir durch unser individuelles Denkraster und unsere persönliche Interpretation den Dingen, den Umständen und den Ereignissen eine Bedeutung beimessen. Diese kann von Mensch zu Mensch grundverschieden sein, eben abhängig von Vorerlebnissen, Erfahrungen und Vorlieben.

Der eine liebt es sein Auto zu waschen und den spieglblanken Lack zu fühlen und zu bewundern, während der andere gefrustet ist, daß schon wieder Samstag ist und er sich dem sozialen Druck beugend und seinen Nachbarn folgend, sein Auto putzen muß, obwohl er eigentlich lieber etwas anderes täte.

Somit hat eben doch alles seine Bedeutung, aber eben eine ganz individuelle, eben die, welche wir ihm geben.

Und so hat jeder die bedingte Freiheit sein Auto zu waschen und dabei Freude zu empfinden oder Frust, oder eben dies nicht zu tun.

Diese Freiheit gewinnt man aber erst, wenn man sich von seinen Abhängigkeiten den Anderen gegenüber befreit hat, beziehungsweise die Bedeutungen der Dinge und Umstände frei zu wählen gelernt hat.

....

Mittlerweile ist ein Jahr vergangen seit ich das letzte mal an diesem Buchskript gearbeitet habe. Jedoch dieses Mal ist es weder eine beeinträchtigende Erkrankung noch ein anderer dramatischer Umstand, der mich zum Weiterschreiben bewegt. Es ist lediglich der Wunsch, meine Gedanken über die Welt und ihre scheinbar unergründlichen Hintergründe zu ordnen und mit anderen zu teilen.

Und wenn auch nur ein Leser auf seinem Weg durch das Leben beim Lesen dieser Zeilen bezüglich seiner Lebensmeisterung oder Weltsicht etwas weiterkommt und profitiert, hat es sich für mich gelohnt, meine Gedanken zu Papier zu bringen. Zudem hilft mir das Kondensieren meiner Gedanken selbst klarer zu werden.

Erst vor ein paar Tagen war ich von einem Weihnachtsbesuch in meiner alten Heimat bei meinen Eltern in meine Wahlheimat zurückgekehrt.

Das Grau matschnasser kahler Straßen tauschte ich wieder gegen das quirlige karibische Treiben ein, das zwar um diese Jahreszeit auch gelegentlich regennaß, jedoch viel bunter und wärmer ist.

....

Drei Wochen sind vergangen, seitdem ich das letzte mal diese Straßen entlangfuhr. Die selben Schlaglöcher, die selben Zeitungsverkäufer und Straßenhändler und doch hat sich etwas verändert - nämlich meine Wahrnehmung der Dinge.

Und wieder erinnere ich mich an die schon mehrfach formulierten Worte: **Meine Wirklichkeit ist das Wahrnehmen dieser Welt durch die Funktion meiner Sinnesorgane und interpretiert nach meinen Denkrastern.**

Da sich meine Denkraster mit jedem Lebensumstand, jeder Lebenserfahrung, jedem tiefgründigeren zwischenmenschlichen Austausch wandeln, verändert sich auch automatisch meine Interpretation der Wahrnehmung der mich umgebenden Welt.

Und da jeder, der eine Reise tut, für diese Reisezeit aus seiner Routine herausgelöst wird, da er anderes erlebt und sieht, verändert und erweitert sich auch seine Sichtweise in stärkerem Maße, als während des routinegeprägten Alltags.

Und so haben nun die Schlaglöcher und die Straßenszenen etwas anders gefärbte Bedeutungen für mich als noch vor drei Wochen.

Alles scheint fortwährend in Verwandlung und in Entwicklung zu sein. Nichts ist statisch und unveränderlich.

So sagt der Volksmund „die Zeit heilt alle Wunden". Basierend auf diesen stetig schleichenden und oft nicht unbedingt bewußten Veränderungen der Wahrnehmungsweise der uns umgebenden Welt, bekommt dieser Spruch seinen Sinn.

....

Es ist nun schon spätabends und ich sitze in meinem trauten Zuhause und knabbere an einer in Zartlila- und in Silber-Papier verpackten Schokolade. Diese hatte ich während meines Deutschlandaufenthaltes aus hunderten, verschieden verpackter Schokoladen jeglicher Geschmacksrichtung, ausgewählt. Die unglaubliche Überfülle an verführerischer Verlockung wurde mir in einem mindestens zehn Meter langen und übermannshohen Regal in einem Großkaufhaus aufgebahrt, zur Schau gestellt. Dieser zarten Verführung konnte ich natürlich nicht widerstehen und ich deckte mich mit diesen süßen Tafeln ein, denn diese Auswahl und diese Qualität findet sich bei mir hier in der Karibik nicht, obwohl der Rohstoff, der Kakao, von hier stammt.

Diese Fülle, dieser Überfluß an Angeboten erschlägt mich immer wieder, wenn ich zu Besuch nach Europa oder in die USA komme. Wurst, Käse, andere Milchprodukte und alles was das Herz begehrt... Von allem gibt es so viel, daß unendlich lange Theken, Gefriertruhen und Regale damit befüllt sind, und der Kunde die Wahl der Qual hat. Und am Ende kauft er meistens doch, wie meine Großmutter es zu tun pflegt, sowieso immer nur das Gewohnte ein.

Schockierend in dieser übersatten Konsumwelt ist die Tatsache, daß ein großer Teil der Lebensmittel nicht beim Konsumenten, sondern auf dem Sondermüll landen. Denn, was nicht vor Verfallsende verkauft wird, und das ist eine ganze Menge, muß kostenpflichtig entsorgt werden, anstatt es zur

Versorgung Bedürftiger oder gar hungernder Nationen zu verwenden. Zwar gibt es mittlerweile die „Tafeln" zur Speisung der Armen, doch das ist nur ein kleiner Prozentsatz an Produkten, die auf diese Weise sinnvoll vor der Sondervermüllung bewahrt werden.

Ich weiß zwar nicht wer ihn geprägt hat, doch angesichts dieser Tatsachen kommt mir immer wieder der Spruch „nobel geht die Welt zugrunde" in den Sinn.

Ob Sinn oder Unsinn, eins ist klar, diese Gesellschaft ist nicht unbedingt vernunftgesteuert. Ein Grundsatz, der heute hauptsächlich zählt, ist, Monetik geht vor Ehtik. Mir wird dies immer wieder bewußt, wenn ich auf meinen Heimatbesuchen die modernen Konsumtempel besuche.

KonsumTEMPEL haben heutezutage offenbar mehr Anziehungskraft als Kirchen. Da scheint irgendetwas aus dem Ruder gelaufen zu sein? Mir geht es da nicht anders; ich gehe gerne Shoppen und in eine Kirche gehe ich lediglich, um die Architektur großer Baumeister oder die Werke großer Maler zu bewundern.

Viele Zeitgenossen haben sich auch zu einer neuen Religion bekehren lassen. Sie „pilgern" zu ferngelegenen Ferienzielen und konvertieren zu „SONNENANBETERN". Dieser Kult wird hier in meiner Wahlheimat besonders hochgehalten, da er ein wichtiger Wirtschaftszweig ist.

Was ist nur los mit uns?

....

Hier sitze ich nun und knabbere genüßlich an meiner Schokolade. Ich bin todmüde und morgen ist ja auch noch ein neuer Tag, an welchem ich meinen Gedankengang fortsetzen kann. Meine Augen sind schon müde und der Jetlag macht sich bemerkbar. Meine innere Uhr hat sich noch nicht umgestellt und für meinen Körper ist es jetzt schon frühmorgens, während es hier noch nicht einmal Mitternacht ist.

Doch ich kann es nicht lassen, weiter über diese verrückte Welt zu sinnieren, in welcher scheinbar vieles im Argen liegt, ohne daß wir uns dessen bewußt sind. Doch als Reisender mit offenen Augen zwischen zwei Welten und Kulturen drängen sich mir diese Wahrnehmungen förmlich auf.

Wir diskutieren über „Globale Erwärmung", über den „Arabischen Frühling", über die „Eurokrise" und wie korrupt und kaputt die Gesellschaft mittlerweile ist. Doch dies tun wir gemütlich mit einer Tüte Chips vom beheizten Fernsehsessel aus.

Ist das der Sinn des Lebens?

Geboren zu werden, um zu einem konsumierenden, funktionierenden, denkfaulen, braven Bürger zu werden, der sich über seinen blankgewienerten Wagen, seinen Job und seine Ferienwohnung identifiziert?

NEIN! Dieser Meinung sind Sie sicher auch nicht, sonst hätten sie meine schriftliche Abenteuerreise durch das faszinierende Phänomen des Lebens nicht bis hierher mit verfolgt.

So, jetzt ist es aber Zeit für´s Bett!

....

Klirr... Ups... was ist das? Hellwach sitze ich im Bett, aus dem Schlaf aufgeschreckt, alles schwankt um mich herum... Ist mein Herr Menière wieder zurückgekehrt und gaukelt mir wieder eine schwankende Welt vor?

Nein, dieses Mal schwankte alles für kurze Zeit wirklich. Dieses Mal war es keine Fehlwahrnehmung, kein Trugspiel der Sinne, sondern, wie sich später herausstellte, ein Beben der Stärke 4,6 auf der Richterskala mit seinem Epizentrum ganz in der Nähe.

Dies war nicht das erste mal, daß ich so etwas erlebe. Ich erinnere mich an eine Situation vor einigen Jahren, als ein schweres Erdbeben nachts um eins die Nordküste der Dominikanischen Republik erschütterte.

Wir lebten damals im obersten Stock eines dreistöckigen Gebäudes und flüchteten noch während des Bebens ins Auto, wo wir den Rest der Nacht verbrachten.

Aufgeschreckt dasitzend schweiften meine Gedanken zu der Erinnerung an das recht eindrucksvolle Beben vor einigen Jahren zurück. Am besten erinnere ich mich noch an die erste Schrecksekunde und dann die Momente im Auto, als ich zuerst dachte, daß unsere Nachbarn sich einen Scherz erlauben und das Auto an der Stoßstange anpackend aufschaukelten. Doch als ich daraufhin die Autoscheinwerfer anmachte, sah ich mit fasziniertem Schrecken, wie der für gewöhnlich feste Asphalt in langgezogenen Wellen auf uns zukam und unser Auto wie ein Boot bei Wellengang bewegte.

Wie ist es möglich, daß die sonst so unbewegliche harte Asphaltdecke der Straße sich wie Wasser bewegt? Erdbebenwellen scheinen etwas eigentümliches zu haben. Sie scheinen zumindest für kurze Zeit einige physikalische Grundgesetze außer Kraft zu setzen.

Ja, diese Naturphänomene, die sich in den Naturgewalten Ausdruck verschaffen, scheinen nicht nur zerstörerisch zu wirken, sondern auch das Bewußtsein für Wesentliches wachzurütteln.

Da ich nun einmal schon hellwach war, entschied ich mich, diese Gedanken aufzuschreiben... und so sitze ich im frühesten Morgengrauen und hänge meinen Gedanken über Erdbeben, die hier ja aufgrund der geografischen Nähe zu mehreren Verwerfungslinien sowie einer tektonischen Plattengrenze, recht häufig sind, nach.

Mein Gedankenstreifzug befaßt sich wie schon mehrfach mit der Materie, die uns die Bühne für unser Leben bietet, und dabei zumindest für mich ein Mysterium bleibt. Es ist mir schwer vorstellbar, daß die ganze Welt, so wie wir sie erfahren, aus lediglich drei wesentlichen Grundbausteinen aufgebaut ist. Laut Albert Einstein und Stephen Hawkins werden diese drei Elementarteilchen trotz ihrer Verschiedenheit nach der modernen Quantenphysik auf ein einziges

Phänomen zurückgeführt, nämlich auf Schwingung und Resonanz. Zwar geht die Quantenphysik mittlerweile von sechsundzwanzig schwingenden Elementarteilchen aus, wobei das Hicks-Teilchen das vorerst letzte im Puzzle der Wissenschaftler ist. Angeblich ist es wesentlich um die anderen überhaupt wahrnehmbar zu machen, da es ihnen erst die Charakteristik von Masse gibt. Spuren dieses Teilchens wurden im Zyklotron des Forschungszentrums in Cern in der Schweiz vor kurzem für millionenstel Sekunden meßbar gemacht.

Das klingt fern unserer Wahrnehmung, ja fast abenteuerlich, da es eigentlich unvorstellbar ist.

Doch widmen wir uns in Gedanken unserem weiterhin gültigen Dreiermodell:

Jedes Atom, sei es ein Edelgas, wie Helium, ein Metal wie Gold, eine Substanz wie Karbon, welches den Grundbaustein aller organischen Moleküle darstellt; sie alle bestehen im Kern aus Protonen und Neutronen, die nach Aufenthaltswahrscheinlichkeiten in Orbitalform von Elektronen umschwirrt werden.

Wie kann aber Gold, Helium und Karbon aus der selben Substanz bestehen und so unterschiedliche chemische und physikalische Eigenschaften haben?

Das ist laut der Wissenschaft lediglich auf die mengenmäßige Zusammensetzung der jeweiligen Atome aus den drei Grundelementen zurückzuführen. Also lediglich die Anzahl der Neutronen, Protonen und

Elektronen entscheidet über die physikalischen und chemischen Eigenschaften der Elemente.

Interessant kommt mir auch vor, daß diese verschiedenen Elemente in ganz unterschiedlichen Erscheinungsformen manifest werden können. Das Phänomen des Wärmeeinflusses kennt ja jeder, so haben wir für jedes Element einen festen, flüssigen oder gasförmigen Agregatzustand. Wasser kann als Dampf, Flüssigkeit oder auch als festes Eis in Erscheinung treten

Zudem fasziniert mich aber auch das Phänomen, daß ein und dieselbe Substanz als wesentlichster Bestandteil das Grundgerüst aller organischen Moleküle formt. Dies sind die Kohlenhydrate, die Aminosäuren, die Nukleinsäuren und die Fette. Sie alle bestehen aus einem Grundgerüst aus Kohlenstoffatomen. Die selben Atome jedoch formen auch das härteste bekannte Material, nämlich den Diamanten, aber auch das Grafit in dem Bleistift, mit welchem Du vielleicht interessante Gedanken in diesem Buch unterstreichst. Also unsere Gewebe, aber auch das Klimagas Kohlendioxid und der Diamant im Schmuckstück und das Grafit des Bleistifts bestehen aus dem selben Material, lediglich in verschieden kombinierter Erscheinungsform.

Gäbe es nicht gewisse physikalische und chemische Naturgesetze, könnte man die Rohstoffproblematik einfacher lösen, indem man einfach die Zusammensetzung der Atome aus den drei

Grundelementen ändert... doch die Naturgesetze erlauben dies leider nicht.

Egal, ob die Materie nun aus Atomen, oder nach neuesten Forschungen, aus stehenden Wellen im Raum besteht, sie ist ein Phänomen, das unserem Körper und der uns umgebenden Welt zugrundeliegt. Wir erwecken sie mit unseren Sinnen zu der uns umgebenden Realität und geben ihr mit unserer Interaktion mittels Gefühlen und Gedanken ihren subjektiven Stellenwert in unserem Leben.

Der Unterschied zwischen einem Toyota Corolla und einem Porsche Cayenne besteht lediglich in der Interpretation unserer persönlichen Wahrnehmung, während für die Katze, die sich nachts auf dem warmen Blechdach aufwärmt, die Marke und das Modell absolut egal ist. Sie hat eine andere, wertneutrale Wahrnehmung der beiden doch so unterschiedlichen Fahrzeuge. Für einen Autoliebhaber besteht jedoch ein großer Unterschied, der aber wiederum für einen Eskimo mit Hundeschlitten am nördlichen Polarkreis bedeutungslos erscheinen mag.

Die Wertigkeit, die wir den Dingen und Ereignissen beimessen, scheint der große Unterschied in Bezug auf die so vielschichtige Welt zu sein. Da jeder andere Wertvorstellungen hat, bewertet jeder die Welt und die ablaufenden Ereignisse auf seine ureigene Weise.

Dies führt mich zu dem Gedankenschluß, daß jeder von uns im Rahmen einer relativen objektiven Welt in seiner ureigenen individuellen Welt lebt, die er mit anderen lediglich nur teilweise teilt.

Diese Bewertung der Umstände erklärt eigentlich so ziemlich alle Phänomene des individuellen und kollektiven menschlichen Verhaltens sowie der persönlichen und globalen Probleme, wie auch der Herausforderungen, die sich uns stellen.

Laß mich diesen Gedanken ausbauen, denn, wenn dem so ist, bin ich auf meiner Suche nach mehr Verständnis der Lebensphänomene ein weiteres Stückchen vorangekommen.

....

Doch bevor ich weiterdenke bereite ich mir einen guten Kaffee mit Muskatnuß und echtem Kakao zu. Irgendwie hab ich Lust hierauf bekommen. Hmm, dieser Duft, der den morgendlichen Raum erfüllt...

...wo war ich stehengeblieben, ach ja, bei dem Versuch, die mich umgebenden Phänomene in mein Weltbild einzuordnen und zu erklären:

Die mich umgebende physische Natur ist in sich perfekt und mit ihren Zyklen und Rhythmen aufeinander abgestimmt. Lediglich der Mensch als Krone der Schöpfung paßt nicht so ganz in diese Perfektion, da dieser mittels der Anwendung seiner Denkfähigkeit die Welt drastisch verändert hat. Ja, er ist sogar an dem Punkt angelangt, sie in den Abgrund zu stürzen, sie zu vernichten, obwohl sie seine Lebensgrundlage darstellt. Die alten Germanen bezeichneten sie als die allweise Mutter Gaia, die Muttererde.

Kulturerrungenschaften, Technik sowie jegliche Subkultur sind basierend auf der Konstellation entstanden, daß der Mensch die Fähigkeit hat, das mit seinen Sinnen Wahrgenommene zu reflektieren, zu interpretieren und bezogen auf seine Gedankenraster einzuordnen.Das erhebt ihn über das Mineralreich, das Pflanzenreich und das Tierreich.

Es scheint als ob ein unergründliches ICH jedem einzelnen innewohnt und sich mittels des Körpers, der Gefühle und der Gedanken Ausdruck verleiht. Dieses

ICH scheint auf die Wahrnehmung der Welt durch die Sinne zu reagieren. Es tut dies jedoch nicht nur instinkthaft wie die Tiere, sondern scheint auch höhere Motive zu haben.

Doch was sind denn nun diese Motive?

Und was sind denn eigentlich meine eigenen Motive?

Ohh, es ist Zeit mich aufzumachen. Ich muß an die Uni, wo ich eine Dozentenstelle habe und Medizinstudenten mit Mikrobiologie und Physiologie vertraut mache.

Nach einem doch recht interessanten, vielseitigen und lehrreichen bisherigen Lebenslauf, habe ich nun das Gefühl hier in meiner momentanen und wohl auch endgültigen Wahlheimat angekommen zu sein.

Ich bin Dozent an einer der renommiertesten Universitäten hier im Land, habe zwei Kinder, fahre einen schon etwas älteren Toyota Corolla, habe weiterhin meine Lebensträume, stehe jeden Morgen auf, um einen mit allen möglichen und unmöglichen Tätigkeiten angefüllten Alltag zu meistern.

Doch, ist das alles? Kann das alles sein? Sich vom Aufstehen bis zum Einschlafen durch einen mit Nichtigkeiten und mit relativen Wichtigkeiten überladenen Alltag zu jonglieren?

Nein, da muß es doch noch mehr geben!!!

Sobald ich wieder in Schreiblaune bin werde ich meine Gedanken zu diesem Thema weiterschweifen lassen. Jetzt muß ich nämlich los zur Universität.

//////////

Wieder sind ein paar Wochen vergangen und ich sitze hier in meinem Schwingsessel. Es ist schon spät und ich halte ein Buch in den Händen, das mich fasziniert und mir Einblicke in eine wunderbare und geheimnisvolle Welt bietet, die einen unsichtbaren Teil unseres Umfeldes darstellt...

Also laß mich jetzt zuerst einen Ausflug in die Welt des Wassers machen, welche in diesem Buch beschrieben wird, denn ein solcher Gedankenausflug hat mir geholfen zu verstehen, was womöglich hinter den Phänomenen des Lebens zu finden ist. Nämlich unser wahres Leben, unsere wahre Bestimmung und somit auch unsere vielseitigen Lebensmotive.

Während meines letzten Heimaturlaubes an Weihnachten entdeckte ich dieses Buch eines japanischen Wissenschaftlers auf einem meiner Stöberstreifzüge durch verschiedene Büchereien.

Das Titelbild ist ein bezaubernder sechseckiger symetrischer Kristall aus gefrorenem Wasser, der wie eine Schneeflocke anmutet.

Wenn man nun das Buch aufschlägt findet man viele verschiedene wunderschöne Kristallformen. Jede verschieden in ihrer Ausformung. In dem Buch wird weiterhin beschrieben, daß jedes Wasser je nach Herkunft eine andere Kristallform entwickelt. Das erstaunliche aber auch erschreckende ist, das Wasser aus dem Quellbereich von Flüssen noch wunderschöne symmetrische Formen bildet, während

Wasser vom Mittellauf oder Unterlauf der Flüsse, nachdem es durch Städte und Kulturlandschaften geflossen ist, diese ästhetische Form weitestgehend verliert. Verschmutzungen sind wohl hierfür verantwortlich. Doch wie das Buch weiter zeigt, sind nicht nur Verschmutzungen durch Abflußwässer dafür verantwortlich, sondern wird die Veränderung wohl auch ausgelöst durch „emotionale Verschmutzung".

Es hat sich nämlich gezeigt, daß das Wasser scheinbar Energieschwingungen aufnimmt und diese in seiner Kristallform manifestiert. So formt Wasser, das mit klassischer Musik „bespielt" wurde, wunderschöne, und für jedes Musikstück charakteristische Kristallformen, während Wasser, das Heavy Metal Musik ausgesetzt wurde, so gut wie keine Kristallform bildet. Dieses deckt sich mit dem Experiment der im Gewächshaus beschallten Tomaten, das weiter vorne im Buch beschrieben wurde, und liefert vielleicht sogar die Erklärung für dieses Phänomen. Denn die Pflanzen bestehen ja hauptsächlich aus Wasser... wie auch unser Körper zu siebzig Prozent aus Wasser besteht.

Und jetzt kommt das Aufrüttelnde und zugleich erschreckende dieser neuen Erkenntnis. Genauso wie Musik ihre Effekte auf die Kristallbildungsqualität des Wassers hat, haben ausgesprochene oder sogar nur gedachte Worte und Wortbedeutungen ihren prägenden Effekt auf das Wasser.

Hüte Deine Worte und Gedanken, sage ich da nur, denn die siebzig Prozent Wasser unseres Körpers haben wohl die jeweilige Reinheit und energetische Formkraft, die ihm der Geist, der dem Körper innewohnt aufprägt.

Auch diese Erkenntnis aus Japan deckt sich mit den Erkenntnissen des Feldphänomens des morfischen Feldes von Rupert Sheldrake und der aufstrebenden neuen Wissenschaft der Epigenetik, die vor allem durch Bruce Lipton populär wurde. Beide Wissenschaftler wurden zu Beginn, als sie ihre neuen Modelle vorstellten, als wissenschaftliche Ketzer verteufelt. Mittlerweile jedoch werden sie schrittweise wieder rehabilitiert, da andere Wissenschaftler zu vergleichbaren Ergebnissen kommen und die pionierhaften Erkenntnisse bestätigen. Und so schreitet der Paradigmenwechsel stetig fort.

Vor einigen hundert Jahren war die Erde noch eine Scheibe. Im Laufe der Zeit wurde sie zu einer etwas abgeflachten Kugel... So ändern sich die Zeiten und die wissenschaftlichen Wahrnehmungen.

Zu Zeiten von Christoph Kolumbus befürchteten seine Matrosen am äußeren Rande der Scheibe in die unendliche Tiefe zu stürzen, während Kolumbus selbst von der Kugelform der Erde aufgrund seiner Beobachtungen, und damals neuester Erkenntnisse, überzeugt war.

Noch für lange Jahre, nachdem der Nachweis des Heliozentrischen Universums erbracht wurde, wonach die Erde um die Sonne kreist, drehte sich die Sonne für die Katholische Kirche um die Erde.

Früher waren Krankheiten die Strafe Gottes für begangene Sünden, heute sind die Auslöser Viren, Bakterien und Streß.

Tagtäglich werden alte Erkenntnisse durch neue ersetzt oder ergänzt. Und so wird es weiterhin geschehen. Wir brauchen nicht zu glauben, wir seien am Höhepunkt des Wissens angelangt.

Dies bedeutet, daß wir immer alles kritisch und offen betrachten und prüfen sollten um mit den Erkenntnissen der Zeit voranzuschreiten.

....

Wieder ist ein weiteres ereignisreiches Jahr vergangen in welchem das Skript im Laptop eingemottet vor sich hin schlummerte. Erneut greife ich es nun wieder auf. Beim Durchlesen stelle ich fest, daß einige Beschreibungen so bestehen bleiben können und meine jetzige Sichtweise nachvollziehbar wiedergeben, andere sollten mittlerweile an meinen derzeitigen Erfahrungsstand angepaßt werden. Daran erkenne ich wieder, daß alles immer in Veränderung begriffen ist und nichts immerwährende absolute Gültigkeit hat.

Zudem stelle ich bei meiner Lektüre fest, daß einige Ausführungen für manchen Leser etwas schwerverdaulich sein mögen. Dies liegt aber in der Natur der Sache, daß man zumeist nur das nachvollziehen und in sein Weltverständnis einbauen kann, was man vom Elternhaus, der Schule oder seinem Umfeld im Verlaufe seines bisherigen Leben gelehrt bekommen hat. Zumeist reflektieren wir wenig über diese Weltansichten und alles was nicht hiermit vereinbar ist wird von vorne herein aussortiert und abgelehnt.

Doch der Mensch als Krone der Schöpfung hat die ihn herausstellende und über alle anderen Tiere erhebende Fähigkeit des logischen Denkens. Hiermit können wir unser Weltverständnis fortlaufend korrigieren, erweitern und vertiefen.

Und so komme ich zu meiner im Verlauf des Buches aufgestellten Aussage zurück:

Meine Wirklichkeit ist das Wahrnehmen dieser Welt durch die Funktion meiner Sinnesorgane und interpretiert nach meinen Denkrastern.

Soweit war ich schon des öfteren. Und was hat nun diese Aussage mit den oben in Frage gestellten Motiven im Leben zu tun?

Laß uns zum besseren Verständnis erst einmal definieren, was wir in dieser Welt mit unseren Sinnesorganen wahrnehmen.

Beginnen wir bei der „toten Materie". Materie, die die Oberfläche unseres Planeten formt und Berge, Hügel und Ebenen schafft, sei es in Form von Felsen, Sedimenten oder feingemahlenem Sand. Über diese Reliefstruktur breiten sich, je nach Gegend, verschieden dicke belebte Humusschichten, die unzähligen kleinen und großen tierischen und pflanzlichen Organismen Lebensraum bieten.

Haben die Mineralien und Metalle, welche die Felsen und Sedimente bilden, ein Motiv, oder haben sie Gefühle? Nach unserer derzeitigen Auffassung wohl nicht. Sie haben lediglich die Bestimmung, die Landschaft zu formen und auch Rohstoff für viele menschengeschaffene Errungenschaften der modernen Zivilisation zu sein.

Soviel zur anorganischen Materie. Doch wie sieht es nun mit der belebten Humusschicht aus? Der Hauptbestandteil sind organische Abfälle, die von Bakterien energetisch verwertet werden und diesen als Energiequelle dient. All diese Umwandlungsprozesse und die daraus resultierenden Metaboliten ermöglichen es den Pflanzen und niederen Tieren, Energie zu schöpfen, zu leben und sich zu entfalten. All diese Organismen, Bakterien, Pflanzen und Tiere leben in einem symbiotischen Gleichgewicht in Harmonie zusammen. Jeder gibt und nimmt zugleich und jeder ist Opfer und Täter. Doch alles geschieht in der weisen Harmonie des Naturgleichgewichts, das sich auch, wie alle Prozesse im menschlichen Körper, selbst reguliert.

Haben nun diese Bakterien Motive und Gefühle? Als lebende Zellen sind sie wesentlich an der globalen Energieumsetzung beteiligt, reagieren auf Umweltreize. Doch Gefühle können wir ihnen genausowenig zusprechen wie den Pflanzen, die in der Erde fußen. Und trotzdem reagieren diese auf unsere Gedanken, auf Musik und andere Umwelteinflüsse. Sie entwickeln sich im Rahmen ihrer genetisch festgelegten Möglichkeiten.

Der Avokadobaum in meinem Garten, geboren aus einem Avokadosamen, den ich vor einigen Jahren dort gepflanzt hatte, entfaltet sich basierend auf seinen Möglichkeiten im Rahmen der ihm gegebenen Umwelteinflüsse. Er wächst als Baum, richtet sich nach der Sonne aus, blüht.... und trägt hoffentlich bald die ersten Früchte. Diese Früchte werden Avocados sein. So hat jede Pflanze ihr vorgegebenes Lebensschema mit den jeweiligen arttypischen Charakteristikas. Ein Avokadobaum kann eben keine Mangos oder Äpfel tragen, doch er reagiert positiv auf positive Gefühle und Musik. Bedeutet dies jedoch daß er ein eigenes fühlendes Wesen ist? Vielleicht...

Und wie steht es mit all den niederen Tieren, den Amöben, den Würmern, den Insekten, die alle Teil dieser Welt sind. Haben diese Motive und Gefühle?

All diese verschiedenen Lebewesen erfüllen ihre Aufgaben innerhalb des perfekt abgestimmten jeweiligen Ökosystems. Sie sind zumeist extrem spezialisiert und nehmen eine ganz bestimmte, ihnen entsprechende ökologische Nische ein. Doch fühlen sie?

Eines wissen wir. Sie erfüllen ihre biologische Aufgabe unermüdlich. Denken wir nur einmal an die Ameisen... die gerade dabei sind die Zuckerkrümel, die versehentlich beim Süßen meines Nachmittagskaffees danebengefallen sind, abzutransportieren. Ich kann mir allerdings kaum vorstellen, daß sie mir gegenüber Gefühle der Dankbarkeit entwickeln, da ich ihren Tisch unabsichtlich so reich gedeckt habe. Allerdings beschleicht mich das Gefühl, daß diese kleinen Helfershelfer im Rahmen der unendlich intelligent organisierten Natur Teil eines viel größeren Schöpfungskonzeptes sind, das hinter all den Phänomenen steht, die wir beobachten. Anders kann ich mir die in der Natur allgegenwärtige Perfektion nicht erklären. Daß diese lediglich das Resultat der darwinistischen Evolution ist kommt mir fraglich vor, doch das die darwinistische Evolution Teil eines überaus weise angelegten Schöpfungsprozesses ist, das kann ich mir schon eher vorstellen.

Doch kommen wir nun zu all den höheren Tieren, den Katzen, den Hunden, bis zu den Affen... haben diese nun Gefühle und Motive?

Was wir wissen ist, daß sie instinktgesteuert leben. Unseren Haustieren sprechen wir gewisse Charaktereigenschaften und von der Instinkthaftigkeit abweichende Verhaltensmuster zu, doch ob Hamster Hansi oder Schmusetiger Garfield nun wirklich menschenähnliche Gefühle der Zuneigung, Eitelkeit, Dickköpfigkeit oder Zorn empfinden und zum Ausdruck bringen, wage ich zu bezweifeln. Es ist lediglich unsere Interpretation von anerzogenen Verhaltensmustern, die wir als individuelle Gefühle interpretieren. Daß allerdings ein persöhnliches Verhältnis zu Tieren aufgebaut werden kann bezweifle ich in keinster Weise und daß sie fühlen bezweifle ich auch nicht. Doch dürfen wir dies nicht nach Menschenmaßstäben bemessen. Diese Sichtweise hat mich mein Hund Rocky gelehrt.

Biologisch gesehen sind warmblütige Tiere unsere nächsten Verwandten. Sie sind unsere Brüder und Schwestern, wobei das Schwein uns näher verwandt ist als der Vogel Strauß. Sie haben einen gleich komplexen Organismus, bestehend aus Abermillionen harmonisch zusammenarbeitenden, hoch spezialisierten Zellen, wie wir. Lediglich die Hirnfunktionen sind auf Instinkthandlungen reduziert und es fehlt die kognitive reflektierende Hirnleistung und Selbsterkenntnis, die den Menschen auszeichnet.

Für heute hab ich nun genug philosophiert. Wenn ich mich danach fühle, werde ich meine Gedanken weiter verfolgen. Doch die Aussage *„Meine Wirklichkeit ist das Wahrnehmen dieser Welt durch die Funktion meiner Sinnesorgane und interpretiert nach meinen Denkrastern"* möchte ich nach den vorstehenden gedanklichen Ausführungen um folgenden Gedanken erweitern. Meine Denkraster sind von der Kultur, in der ich aufgewachsen bin, von meiner individuellen Erziehung und von meinem sozioökonomischen Umfeld abhängig geprägt und gaben damit meinem ureigenen, von Geburt an mitgebrachten Grundmuster seine Form.

Doch unabhängig von all diesen kulturellen und sozioökonomischen Einflüssen: Wer das Denken richtig anwendet kommt zu denselben Schlußfolgerungen. Scheinbar liegt all dieser Ausdrucksvielfalt etwas universales zugrunde, was uns als Menschen ausmacht. Denn der Mensch ist weder der Körper, noch die Gefühle, noch die Gedanken, sondern *der Denkende...*

Bei diesen gerade ausgeführten Ideen kommt mir ein wunderschönes Gedicht von Christian Morgenstern in den Sinn, an das ich mich noch aus meiner Schulzeit erinnere:

Die Fußwaschung

Ich danke dir, du stummer Stein,
und neige mich zu dir hernieder:
Ich schulde dir mein Pflanzensein.

Ich danke euch, ihr Grund und Flor,
und bücke mich zu euch hernieder:
Ihr halft zum Tiere mir empor.

Ich danke euch, Stein, Kraut und Tier,
und beuge mich zu euch hernieder:
Ihr halft mir alle drei zu Mir.

Wir danken dir, du Menschenkind,
und lassen fromm uns vor dir nieder:
weil dadurch, daß du bist, wir sind.

......

Wieder sind einige Wochen vergangen, seit ich das letzte Mal an meinen gedanklichen Ausschweifungen gearbeitet habe.

Vieles ist seither geschehen. Tagtäglich ereignet sich unendlich viel in der Welt da draußen, aber auch in unserer ureigenen Welt, die sich zumeist von der Welt der anderen deutlich unterscheidet. Klar, wir teilen viel Gemeinsames, doch trotzdem, jeder ist ein Unikat.

Gerade schaue ich einige Reportagen in der Deutschen Welle an und komme zu dem Schluß, daß wir in einer absolut verrückten Welt leben.

In Deutschland jammern Flutopfer über ihren Existenzverlust und die Kanzlerin verspricht Millionen, während sich in Afgahnistan fanatische Moslems im Namen Allahs in die Luft sprengen und versuchen möglichst viele Mitmenschen mit in den Tod zu reißen. Was machen eigentlich Deutsche Soldaten dort? Ach ja, sie verteidigen deutsche Interessen am Hindukusch... Interessen sind meistens nur wirtschaftlich mit einem humanistischen sozialen Deckmäntelchen getarnt; doch das ist eine andere Geschichte.

Wieviel Leid von Frauen, Kindern und Opfern verhallt tagtäglich ungehört in der Weite des Universums, während hirnlose übersatte Internet-Konsumbürger „Harlemshaking", „Owling" oder „Planking" zu einer neuen Lebensphilosophie oder Sinnhaftigkeit erheben. Es gibt so viel Sinnloses und Widersprüchliches auf dieser Welt. So Vieles, das uns aus dem Sessel reißen müßte - doch wir bleiben gemütlich sitzen und futtern weiter unsere Chips.

Fanatiker gibt es überall, nicht nur im Islam, auch im Sport, in der Küche oder in der Freizeit.

Fanatische Passivsportler füllen die Stadien und die Public Viewing Areas (Hierfür gibt es gar kein passendes Deutsches Wort. Hm, das scheint ein Ergebnis der Globalisierung zu sein). Das Motiv kann Fußball, Baseball, Eishockey oder Formel 1 sein.

In der Küche finden wir „Voll-Veganer", „Slow food Fanatiker" oder „Gourmet Extremisten", während um die nächste Ecke Armentafeln Massenspeisungen vornehmen oder ein paar Kilometer weiter Menschen elendig verhungern.

Freizeitsportfanatiker gibt es auch in Hülle und Fülle. Seien es die Bodysuitflyer, die Mountainbiker, die Großwildjäger, die Koizüchter oder die Fitnessfanatiker... Jeder findet etwas für sich, wofür es sich scheinbar lohnt zu leben. Etwas, das dem Leben seinen Sinn oder einen Kick gibt.

Aber hat das Leben nicht noch andere, sinnvollere Werte?

In welch einer Welt leben wir denn eigentlich? Dies ist die große Frage. Auf jeden Fall in einer ureigenen und dazu noch in einer recht verrückten und sehr vielseitigen Welt. Das Leben ist wie in einem Supermarkt oder einem Katalog. Wir können uns nach verschiedenen Kriterien unsere Welt zusammenstellen. Allerdings sind wir in gewisser Weise limitiert durch unsere sozioökonomische gesellschaftliche Stellung, die Erziehung und unsere im Laufe der Zeit angeeigneten Glaubensmuster. Diese lassen nur bestimmte, in „unsere Welt" passende Umstände und Ereignisse zu.

Meinen Beobachtungen zufolge besteht die vielbeschworene Weltgemeinschaft aus ineinander mehr oder weniger verzahnten und verflochtenen Gesellschaften, deren Grundbaustein der einzelne Mensch ist.

Somit steht jeder Einzelne im Mittelpunkt seiner ureigenen Welt, in welche er seine Mitmenschen mehr oder weniger integriert. Eine Basis für Integration scheinen Familienstrukturen und gemeinsame Interessen zu sein. Diese geben auch Orientierung, Halt und vermitteln eine relative Sicherheit.

Trotz all den krankhaften Auswüchsen in den Gesellschaften unserer Welt, gibt es einige grundlegende Themen, die alle verbindet und welche alle gleichermaßen manifestieren, und das sind die großen Gefühle: Liebe, Leidenschaft, Angst, Wut... Diese universellen Emotionen lassen sich im Grunde genommen in zwei große Gruppen einteilen. In positive erhebende und in negative zerstörerische Gefühle.

Doch bevor ich meine Gedanken zu diesem spannenden Thema weiter ausbreite, möchte ich erneut den so gerne von mir zitierten Satz anbringen: *Meine Wirklichkeit ist das Wahrnehmen dieser Welt durch die Funktion meiner Sinnesorgane und interpretiert nach meinen Denkrastern.* Ja, die Denkraster scheinen für unser Leben und seine Ausprägung absolut wesentlich zu sein, denn diese führen zu den offensichtlichen wahrnehmbaren Unterschieden zwischen uns Menschen. Diese Individualität unterscheidet uns auch vom Tier. Denn diese ureigene Individualität wird mehr oder weniger bewußt, meistens leider weniger bewußt, von uns geschaffen und obliegt unserer Kontrolle, während das Tier lediglich seinen unkontrollierten ihm angeborenen Instinkten lebt.

Es ist wieder einmal spät und ich muß morgen früh aufstehen, da ich mit meinen Studenten ein Abschlußexamen in Mikrobiologie bestreiten muß. Ich gehe davon aus, in den nächsten Tagen nicht unbedingt Zeit für meine Gedankenstreifzüge zu haben, da ich mich um meine Examenskorrekturen kümmern muß. So hat eben alles seine Zeit. Im Anschluß an die Korrektur werde ich wieder mehr Freiraum haben, um meine Gedanken schweifen zu lassen.

....

Mittlerweile ist die sommerliche vorlesungsfreie Zeit schon wieder fast vergangen und das kommende Semester naht.

Ich nahm mir die Zeit, das bisher erstellte Skript noch einmal zu überarbeiten. Dabei fiel mir auf, daß ich einen wichtigen Aspekt des Menschseins ziemlich verachlässigt hatte, und zwar den Willen.

Mein Hund reagiert auf sein Umfeld instinkthaft. Er hat keinen kontrollierten Willen. Ich dagegen *will* morgen einen Strandausflug unternehmen und schon bin ich dabei mir **Gedanken** zu machen, was ich alles einpacken und mitnehmen sollte... zudem plane ich in eine Zukunft hinein...

Das Wollen und das Denken scheinen eng miteinander verknüpft zu sein. Der Wille scheint den Impuls darzustellen, der das Denken anregt welches den Handlungsimpuls aktiviert und dann zur Umsetzung der Tat führt.

Der Impuls, morgen mit meiner Freundin einen Ausflug an einen abgelegenen Strand machen zu wollen, führt zu einer Kaskade von Gedanken, die Entscheidungsprozesse in Gang setzen und deren Umsetzung die Organisation und Vorbereitung alles Notwendigen für den morgigen Tag zur Folge hat. Kein Tier besitzt diese Fähigkeit.

ICH ... WILL ... AN DEN STRAND ...

Also ist das ICH der Impulsgeber, der den Willensimpuls formt, der im weiteren Verlauf zum Ergebnis, zur Umsetzung führt.

Also ICH BIN ... das Wesen das will und somit über das Denken Bewegung bewirkt, die zum Erschaffen und hiermit letztendlich der Manifestation von Umständen führt.

Also kann ich nun meine bisherige Erkenntnis erweitern und sagen, daß *ich meine Welt durch die Funktion meiner Sinne wahrnehme und über meinen Willen mittels meiner Gedanken auf sie einwirke.*

Doch fehlt immer noch das Motiv. Was motiviert mich? was mache ich hier auf diesem Planeten? Habe ich eine Aufgabe oder gar eine Bestimmung? Wer bin ich eigentlich? Diese Fragen haben wir ja schon einige Buchseiten zuvor aufgeworfen.

Wir wissen jetzt nach all den vorherigen Überlegungen, daß die Welt um uns herum aus Phänomenen besteht, die lediglich von unseren Sinnen geschaffene Illusionen sind. So gaukeln diese uns die Welt in der wir leben vor. Wir wissen aber auch, daß wir als Wesen mit unserem Ich, unserem Willen und unserer Denkfähigkeit gestaltend und schöpferisch innerhalb dieser Welt tätig und zuhause sind.

Jeder ist an seinem ureigenen Platz innerhalb einer Familie, einer Gesellschaft, einer Kultur und lebt sein

Leben, mehr oder weniger selbst-, größtenteils jedoch mehr fremdbestimmt.

....

Auf der Fahrt durch fruchtbare grüne Landschaften in Richtung Samana, einer etwas abgelegeneren Halbinsel etwa hundert Meilen von Santiago entfernt, fuhr auf einem Abschnitt ein Pick-up, mit einer fröhlichen mehrköpfigen Familie auf der Ladepritsche auf der Fahrt zu einem Familienpicknick an einem Fluß oder am Strand, wie es hier an Wochenenden so üblich ist, vor mir her. Plötzlich klebt ein Einwegstyroporteller an meiner Frontscheibe und versperrt mir die Sicht, eine Plastiktüte und einige Becher folgen. Typisch, das ist nicht das erste Mal, daß mir so etwas passiert. Solche Idioten, Umweltverschmutzer... Vor einigen Jahren hab ich in solchen Situationen viel extremer reagiert, heute bin ich viel ruhiger. Klar, es ärgert mich ungemein, wie gedankenlos mit den Resourcen umgegangen wird, mit dem Einwegmaterial genauso wie mit der im Anschluß verschmutzten Umwelt. Heute ist mir klar, daß diese Menschen einfach nicht das Bewußtsein gegenüber den Dingen haben, wie ich es habe. Sie stört der Müll am Straßenrand einfach nicht wie mich, der ein deutsches Sauberkeits- und Umweltbewußtsein eingepflanzt bekommen hat. Ich habe immer eine Tüte im Auto, um meinen Müll bewußtseinsgerecht in der Mülltonne zu entsorgen.

Was ist nun der Unterschied zwischen der fröhlichen vorrausfahrenden Familie und dem nachfolgenden Pärchen mit einer Mülltüte im Auto?

Der Unterschied ist die BEWUSSTHEIT gegenüber den Dingen. Die ACHTSAMKEIT mit welcher wir mit den

Dingen und auch mit den Gefühlen unserer Mitmenschen umgehen.

Je bewußter wir sind, umso weniger negativ und zerstörerisch gehen wir mit unserer Umwelt und unseren Mitmenschen um. Der heilige Franziskus ging in seiner Bewußtheit so weit, daß er sich sogar bei dem Gras entschuldigte über welches er gelaufen war.

Warum ist dem so? Je bewußter wir sind, umso komplexer sind die Lebenszusammenhänge, die wir erkennen. Diese führen uns zu der Erkenntnis, daß wir ein Teil eines größeren Ganzen sind und daß wir Verantwortung für unser Wohlergehen und für das unserer Mitmenschen haben.

Also bestimmt der GRAD der BEWUSSTHEIT unser Verhalten im Verlaufe unseres Lebens. Also ist auch die Motivation unseres Willens, der unser Verhalten in Gang setzt, abhängig vom Grad unserer Bewußtheit.

Wow, das klingt wesentlich aber nicht unbedingt sofort eingängig. Laß uns diesen Gedankengang noch einmal etwas vertiefen.

Was motiviert uns? Unser Wille reagiert auf Wahrnehmungen unserer Umwelt und setzt Gefühle und Gedankengänge in Gang, die in Handlungen münden. Diese wiederum sind abhängig vom Grad unserer Bewußtheit. Und diese hängen zumeist mit unserem EGOISMUS zusammen.

Was ist das nun auch? Unser EGOISMUS. Er gehört zu uns, doch genauso wie unser Körper, wie Gefühle und Gedanken, ist dieser auch nur eine Funktion mit deren Hilfe wir uns in dieser Welt Ausdruck verschaffen. Interessant ist nun zu beobachten, daß der Egoismus je höher der Grad der Bewußtheit ist umso kleiner wird. Also können wir den Egoismus auf keinen Fall mit uns gleich setzen, sondern müssen ihn als eine Funktion unserer Positionierung in der Welt begreifen. Er hilft uns zu überleben.

Doch was finden wir am anderen Ende der Skala wenn wir auf der einen den Egoismus plazieren? Auf der anderen Seite sind wir selbst.

Fassen wir es einmal in andere Worte. Wir sind das Zentrum einer Zwiebel und alle Schalenblätter um uns herum sind die Funktionen unseres Egoismus und unserer Persönlichkeit, die wir uns im Laufe der Zeit angeeignet haben. Unser Umfeld sieht nur die äußere Schale. Unsere Freunde haben teilweise einen Röntgenblick und nehmen auch tiefere Schichten wahr. Doch kaum jemand dringt bis zu unserem wahren Kern vor. Nicht einmal wir selbst.

Je bewußter wir uns dieser Zusammenhänge werden, umso mehr Licht bringen wir ins Dunkel des Wunders unseres Lebens.

....

Um zu dieser Erkenntnis zu kommen mußte ich viele Jahre durch mein Leben schreiten, und was ich in meinen manchmal schwerfälligen Beschreibungen als Erkenntnis formuliert habe, hat ein großer Meister des Wortes in einem brillianten Gedicht in wenigen Worten auf den Punkt gebracht. Es handelt sich um „Stufen" von Herrmann Hesse.

Hiermit möchte ich schließen.

Stufen

Wie jede Blüte welkt und jede Jugend
Dem Alter weicht, blüht jede Lebensstufe,
Blüht jede Weisheit auch und jede Tugend
Zu ihrer Zeit und darf nicht ewig dauern.
Es muß das Herz bei jedem Lebensrufe
Bereit zum Abschied sein und Neubeginne,
Um sich in Tapferkeit und ohne Trauern
In andre, neue Bindungen zu geben.
Und jedem Anfang wohnt ein Zauber inne,
Der uns beschützt und der uns hilft, zu leben.

Wir sollen heiter Raum um Raum durchschreiten,
An keinem wie an einer Heimat hängen,
Der Weltgeist will nicht fesseln uns und engen,
Er will uns Stuf' um Stufe heben, weiten.
Kaum sind wir heimisch einem Lebenskreise
Und traulich eingewohnt, so droht Erschlaffen,
Nur wer bereit zu Aufbruch ist und Reise,
Mag lähmender Gewöhnung sich entraffen.

Es wird vielleicht auch noch die Todesstunde
Uns neuen Räumen jung entgegen senden,
Des Lebens Ruf an uns wird niemals enden...
Wohlan denn, Herz, nimm Abschied und gesunde!